KidsAway

2. Auflage 2015
Besuchen Sie uns im Internet: www.kidsaway.de

© KidsAway Verlag, Kassel
Umschlaggestaltung, Satz und Herstellung:
feb-factory, Dani Hornung, Hamburg
Lektorat: Null Fehler, Jenny Menzel, Dresden
Druck: Beltz Bad Langensalza GmbH, Bad Langensalza
In Deutschland gedruckt

ISBN 978-3-00-043433-4
3 16

Die Autorin

Kerstin Führer ist Gründerin und Herausgeberin des Online-Familienreisemagazins KidsAway.de. Als Vielfliegende und Mutter hat sie bereits 40 Länder dieser Welt bereist, davon 18 Länder auf sechs Kontinenten in Begleitung ihrer zweijährigen Tochter, ihres fünfjährigen Sohnes und ihres Mannes.

Kerstin Führer

Fliegen mit Baby und Kleinkind

190 Fragen und Antworten

Ein Familien-Ratgeber von KidsAway.de

KidsAway

Inhaltsverzeichnis

Ein paar Worte zuvor	8
So nutzen Sie diesen Ratgeber	9
Fragen und Antworten	11
Flugplanung	12
Gesundheit	25
Erkältung	25
Flugangst	26
Jetlag	27
Ohrenschmerzen	30
Reisekrankheit	33
Strahlenbelastung	37
Flugbuchung	38
Ticketpreis	38
Sitzplatzbuchung	43
Sitzplatzreservierung	46
Den Familienflug buchen	51
Vielfliegerprogramme	55
Nach der Buchung – vor dem Flug	56
Am Flughafen	62
An- und Abreise	62
Gepäck	67
Sicherheit	70

Inhaltsverzeichnis

Stillen, Wickeln, Schieben	75
Kinderbeschäftigung	79
Check-in	84
Wie einchecken?	84
Vorabend-Check-in	88
Online-Check-in	91
Weitere Check-in-Möglichkeiten	95
Gepäck	98
Freigepäck	98
Handgepäck	102
Sondergepäck	110
Empfehlungen	114
Sicherheitskontrolle und Boarding	118
Sicherheitskontrolle	118
Boarding	125
An Bord	129
Sichere Kinderrückhaltesysteme	129
Fliegen mit Baby/Kind auf dem Schoß	131
Fliegen mit Autokindersitz	133
Schlafen	139
Wohlbefinden	147
Kinderbeschäftigung	155
Essen und Trinken	164

Wickeln und Toilettengang	171
Landung und Einreise	178
Bonuskapitel: Schwanger fliegen	188
Bonuskapitel: Kinderreisepass beantragen	196
Anhang	213
Detailliertes Fragenverzeichnis	213
Nützliche Webseiten und Apps	227
Vollmachten – Muster und Vorlagen	229
Fluggesellschaften	233
Fluglexikon	235
Flugwörterbuch (Deutsch-Englisch)	240
Kinderreisepass beantragen – nützliche Adressen	242
Über KidsAway.de	244

Ein paar Worte zuvor

Kann man mit Babys und Kleinkindern bereits fliegen? – Ja, das kann man. Sollte man mit Babys und Kleinkindern bereits fliegen? – Ja, natürlich, warum denn nicht?

Und das weiß ich aus eigener Erfahrung. Denn ich bin bereits mehr als 20 Mal mit meinem jetzt fünfjährigen Sohn und meiner zweijährigen Tochter geflogen. Beide waren mit uns schon in 18 Ländern auf allen sechs Kontinenten. Wir haben viel erlebt und ausprobiert. Wir sind tagsüber und auch nachts geflogen. Auf einem Flug gingen uns die Windeln aus, auf einem anderen wurde eines unserer Kinder krank. Einmal gab es nur Ingwerkekse, weil die Fluggesellschaft vergessen hatte, das bestellte Kindermenü zu laden. Beim ersten Flug mit Baby buchten wir für unseren Sohn keinen eigenen Sitzplatz. Er saß auf unserem Schoß und schlief zwischendurch im Babybassinet. Bei allen weiteren Flügen buchten wir für unsere Kinder eigene Sitzplätze und kümmerten uns selbst um geeignete Kinderrückhaltesysteme. Unsere Kinder dankten es uns. Beide sind mittlerweile Experten in Sachen Fliegen und freuen sich auf weitere Flüge.

Auf unseren Flugreisen haben wir viel selbst erlebt, mit zahlreichen Eltern gesprochen und einige Familien einfach nur beobachtet. Als Mutter und Expertin in Sachen Fliegen mit Kleinkind kann ich Ihnen daher verraten: Ob ein Flug mit Baby und Kleinkind für alle ein schönes Erlebnis oder aber eine große Herausforderung wird, hängt entscheidend von der richtigen Einstellung und Vorbereitung ab. Wer gut informiert ist und alle Optionen kennt, der wird für sein Kind und sich selbst die richtigen Entscheidungen treffen. Egal ob Sie das erste Mal mit Kind fliegen oder bereits über Flugerfahrung mit Babys und Kleinkindern verfügen – mit diesem Ratgeber sind Sie bestens für die Vorbereitung Ihrer nächsten Flugreise gerüstet.

Ich wünsche Ihnen viel Spaß bei der Planung und Durchführung Ihres nächsten Fluges mit Baby oder Kleinkind!

Kerstin Führer, im Februar 2014

SO NUTZEN SIE DIESEN RATGEBER

Es gibt zwei Möglichkeiten:
- Sie können diesen Ratgeber in gewohnter Weise von Anfang bis zum Ende durchlesen. Dann wissen Sie wirklich alles zum Thema und sind für den nächsten Flug mit Baby und Kleinkind gewappnet.
- Um eine Antwort auf eine ganz konkrete Frage zu erhalten, überfliegen Sie einfach das detaillierte Fragenverzeichnis am Ende des Buches. Hier sind alle Fragen, die im Ratgeber behandelt werden, aufgeführt. Wählen Sie die Fragestellung aus, die Ihrem Anliegen am nächsten kommt.

•• INFO

Links zu empfehlenswerten Webseiten, nützlichen Internetquellen und hilfreichen Online-Artikeln sind in diesem Ratgeber in einer anderen Schriftart hervorgehoben. Einige dieser Links sind *in dieser Schriftart* direkt ausgeschrieben, andere Links haben wir mit einer Ziffer ① versehen. Auf der Webseite *www.kidsaway.de/flug-links* haben wir für Sie alle Ratgeber-Links nummeriert aufgelistet. Mit nur einem Klick können Sie sich noch eingehender zu den einzelnen Themen informieren.

Alle Antworten im → *Bonuskapitel: Kinderreisepass beantragen* ab Seite 196 wurden inhaltlich mit dem für Passfragen zuständigen Referat des Bundesinnenministeriums (BMI) abgestimmt.

Fragen und Antworten

Flugplanung

Ab welchem Alter darf mein Baby mitfliegen?

Das hängt von der Fluggesellschaft ab. British Airways erlaubt gesunden Neugeborenen den Mitflug bereits ab einem Alter von 48 Stunden. Die meisten Fluggesellschaften nehmen Säuglinge aber erst ab einem Alter von etwa acht Tagen mit.

Flugmediziner raten, bis zum dritten Lebensmonat des Babys zu warten. Dann sind auch die Eltern mit der neuen Familiensituation etwas routinierter.

> **•• INFO**
>
> Auch frischgebackene Mütter benötigen etwas Zeit, um sich von der Entbindung zu erholen. Frauen, die spontan entbunden haben, sollten sich idealerweise mindestens zwei Wochen lang schonen, bevor sie in ein Flugzeug steigen.

Welches ist das beste Flugalter für Babys und Kleinkinder?

Babys (null bis zwölf Monate)

Neugeborene und kleine Babys sind die einfachsten und zufriedensten Flugbegleiter, die sich Eltern wünschen können. Die meisten Babys schlafen viel und sind zufrieden, wenn sie bei ihren Eltern sind. Auf einer Flugreise verschlafen sie oft den Start oder die Landung.

Jedes Baby ist anders. Natürlich hängt die Flugtauglichkeit von Neugeborenen vom allgemeinen Gesundheitszustand des Babys ab. Kinderärzte raten normalerweise von einer Reise mit Baby innerhalb der ersten sechs Wochen bis drei Monate ab. Babys mit stabiler Gesundheit können aber bereits in einem Alter von mehreren Wochen problemlos fliegen. Manche Babys leiden bei Start und Landung unter Ohrenschmerzen (→ *Was können wir*

Flugplanung

gegen Ohrenschmerzen tun, Seite 32). Andererseits werden Babys bis zu einem Alter von etwa zwei Jahren so gut wie nie reisekrank. Auf dem Schoß der Eltern fliegen Babys meist kostenlos (oder zu einem stark reduzierten Preis), wenn auch die Buchung eines eigenen Sitzplatzes für das Baby wegen des Mehrkomforts und der erhöhten Sicherheit zu empfehlen ist. Für Babys stellen die meisten Fluggesellschaften auf Langstreckenflügen Babybassinets (kleine Babybettchen, → Seite 139) zur Verfügung, in denen sie während eines ruhigen Fluges schlummern können.

Ältere Babys schlafen etwas weniger und wünschen sich Ihre volle Aufmerksamkeit. Sie sind noch leicht abzulenken und zu unterhalten.

Kleinkinder (zwölf Monate bis drei Jahre)

Kleinkinder sind sehr neugierig und oft schon ziemlich mobil. Noch dürfen sie kostenlos oder zum stark ermäßigten Preis auf dem Schoß eines Erwachsenen mitfliegen (bis zum Alter von zwei Jahren). Sie mögen jedoch meist nicht mehr stundenlang auf einem Platz sitzen, schon gar nicht auf dem Schoß eines Elternteils auf einem Langstreckenflug. Überdies sind sie schwerer und passen vom Gewicht und der Körpergröße nicht mehr in ein Babybassinet.

Kleinkinder schlafen noch viel, wollen aber mit zunehmendem Alter während der Wachzeiten voll und ganz beschäftigt werden. Etwas Kleinkindspielzeug sollte im Handgepäck nicht fehlen. Auch wenn Ihr Kind ansonsten noch nicht fernsieht, empfiehlt sich in dieser Ausnahmesituation die Mitnahme eines Tablet-PCs oder portablen DVD-Players inklusive kindgerechter Filme. Stellen Sie sich darauf ein, dass Sie auf langen Flügen mit Ihrem Kind den Gang hoch und runter wandern müssen. Und dass alles für Ihr Kind einfach sehr aufregend ist. Passen Sie im Flughafen auf, dass Ihr neugieriges Kind nicht allein auf Erkundungstour geht. Für Kleinkinder ab einem Jahr gibt es überdies Ohrstöpsel gegen Ohrenschmerzen bei Start und Landung.

Die Buchung eines eigenen Sitzplatzes ist insbesondere für Kleinkinder, die älter als zwölf Monate sind, anzuraten. Kinder

unter zwei Jahren, die auf einem eigenen Sitzplatz sitzen, müssen in einem geeigneten Kinderrückhaltesystem, beispielsweise einem für die Nutzung im Flugzeug zugelassenen Autokindersitz, gesichert werden. Kinderrückhaltesysteme werden von den Fluggesellschaften im Regelfall nicht zur Verfügung gestellt und müssen von den Eltern selbst mitgebracht werden.

Kinder ab einem Alter von zwei Jahren müssen einen eigenen Sitzplatz zum Kindertarif buchen. Dafür dürfen sie ab sofort auch an Vielfliegerprogrammen teilnehmen und auf jedem Flug kräftig Meilen sammeln. Für kleine Kinder (unter 1,25 Meter Körpergröße) sollten Sie ein Kinderrückhaltesystem mit an Bord nehmen, beispielsweise einen Autokindersitz oder einen speziellen Sicherheitsgurt.

Eine Flugreise mit einem Kind dieser Altersgruppe ist die wohl anstrengendste.

Kindergartenkinder und Grundschulkinder (drei Jahre und älter)

Die meisten Kinder freuen sich sehr auf eine Flugreise. Sie haben einen unerschöpflichen Wissensdurst. Sie verstehen bereits, dass sie auf dem Weg an einen schönen Urlaubsort sind. Und sie wissen, dass an Bord einige spannende Dinge auf sie warten und sie mitunter Dinge tun dürfen, die zu Hause tabu sind. Auch das Treiben auf dem Flughafen ist überaus aufregend. Ein Flug mit einem Kind in diesem Alter kann sehr schön sein.

An Bord ist man bestens auf diese Altersgruppe eingestellt: Im Flugzeug gibt es häufig kostenlose Malstifte, Malhefte und etwas Spielzeug. Wenn Ihr Flugzeug über im Sitz integrierte Fernsehschirme verfügt, dann wird Ihr Kind wahrscheinlich voll und ganz für Stunden mit dem Kinderprogramm beschäftigt sein.

Für Kinder mit eigenem Sitzplatz können Sie bei den meisten Fluggesellschaften spezielle Kindermenüs vorbestellen.

Das Wichtigste auf einer Flugreise mit Kindergartenkind oder Grundschulkind ist, dass sie gut beschäftigt sind. Kinder in diesem Alter können normalerweise schon längere Zeit auf einem Platz sitzen, ohne zappelig zu werden. Packen Sie ausreichend Kinder-

Flugplanung

bücher, Malzeug und kleine Spielsachen ein. Auch kindgerechte Hörbücher auf einem MP3-Player sind zu empfehlen – dann wird es möglicherweise ein ruhiger Flug für Sie.

> **•• TIPP**
>
> Manche Kinder reagieren auf neue und ungewohnte Situationen mit Angst und Unwohlsein. Kinder, die mit drei Jahren (oder älter) das erste Mal fliegen, sollten Sie vor der Reise mit altersgerechten Kinderbüchern und Rollenspielen an das Thema Fliegen heranführen (→ Seite 56).

Welche Babys und Kinder sollten besser nicht fliegen?

Jedes Baby und Kind ist anders. Den meisten Kindern macht das Fliegen gar nichts aus, viele genießen es sogar, aber für einige bedeutet die Flugsituation puren Stress.

Kinder, die auch zu Hause bereits anfällig für Krankheiten sind, die von Natur aus eher ängstlich sind oder deren körperliche oder geistige Entwicklung sich problematisch gestaltet, sind eher stressgefährdet. Insbesondere wenn Ihr Kind unter Atemwegsproblemen leidet, sollten Sie vor der Flugbuchung Ihren Kinderarzt konsultieren.

Gesunde Babys und Kleinkinder können jedoch ohne Einschränkung fliegen. Ob, wie oft und wie weit Sie mit Ihrem Baby fliegen, sollten Sie aber ganz individuell entscheiden. Hören Sie auf Ihr Bauchgefühl und Ihren Elterninstinkt. Wenn Sie sich als Eltern mit dem Flug unwohl fühlen, dann sollten Sie ihn auf später verschieben.

Wenn Sie bei Ihrer Entscheidung für eine Flugreise mit Kind ein positives Bauchgefühl haben und gut vorbereitet sind (und das sind Sie, wenn Sie diesen Ratgeber gelesen haben), dann steht Ihren Plänen nichts im Wege.

> **•• TIPP**
>
> Sind Sie sich unsicher, ob Ihr Kind aus gesundheitlicher und medizinischer Sicht flugtauglich ist? – Dann bitten Sie Ihren Kinderarzt um Rat.

Können wir mit Baby mit einer Billigairline fliegen?

Grundsätzlich ist dies möglich, wobei Billigfluggesellschaften für Familien einen recht eingeschränkten Service bieten. Hier liegt es bei den Eltern abzuwägen, ob ein Flug mit einer Billigfluggesellschaft mit Baby überhaupt in Frage kommt. Einige Einschränkungen am Beispiel von Ryanair sind:

- Die Mitnahme eines Autokindersitzes in die Flugzeugkabine und die Buchung eines eigenen Sitzplatzes für Kleinkinder unter zwei Jahren sind nicht möglich.
- Babys, die auf dem Schoß eines Elternteils mitfliegen, haben keinen Anspruch auf Freigepäck, also auch nicht auf Handgepäck. Wickelzeug muss im Handgepäck der Erwachsenen verstaut werden. Hierbei ist Ryanair sehr streng.
- Wer sicherstellen möchte, dass die gesamte Familie zusammensitzt, muss vorab gegen Gebühr Sitzplätze reservieren. Bevorzugtes Einsteigen kostet ebenfalls extra und muss vor dem Abflug gebucht werden.
- An Bord gibt es keinerlei Animation oder Spielzeuggeschenke für die Kleinen. Heißes Wasser für den Brei kostet extra. Fläschchen können nicht erwärmt werden.
- Lediglich ein komplett zusammenfaltbarer Kinderwagen pro Kleinkind wird von Ryanair kostenlos transportiert. Wer darüber hinaus auch noch einen Autokindersitz, ein Babybettchen oder ähnliches im Gepäckraum transportieren möchte, muss hierfür zahlen.

Flugplanung

> **•• ACHTUNG**
>
> Billigairlines bieten im Regelfall einen großen Katalog an Extraleistungen, die gegen Gebühr hinzugebucht werden können. Dies sollte unbedingt bereits online geschehen. Wer Extraleistungen wie Sitzplatzreservierungen per Hotline oder direkt am Flughafen noch hinzubuchen möchte, der wird zusätzlich zu den regulären Gebühren noch einmal kräftig zur Kasse gebeten.

> **•• INFO**
>
> *Gebührenordnung von Ryanair* (2)

Können wir mit unserem Baby einen Langstreckenflug antreten?

Je nach Alter, Gewohnheiten und Wesenszug Ihres Kindes sowie Ihrer persönlichen Vorlieben können Sie nonstop oder auch mit Zwischenlandung fliegen. Hinzu kommt oft noch die Wahl zwischen Tag- und Nachtflug.

- **Nonstop-Flug:** Wenn Sie oder Ihr Kind unter Ohrenproblemen beim Start oder der Landung leiden (und auch Ohrstöpsel für den Druckausgleich nicht helfen), ist der Nonstop-Flug die richtige Wahl für Ihre Familie. Denn gestartet und gelandet wird nur einmal. Nonstop-Flüge können sich jedoch wie Kaugummi ziehen, wenn sie sehr lange dauern, wie zum Beispiel Flüge von Europa bis an die Westküste der USA. Da empfiehlt sich eher ein Nachtflug.
- **Flug mit Zwischenstopp:** Besonders lange Flüge können oder müssen Sie unterbrechen. Wenn Sie nach Neuseeland oder Australien fliegen, muss das Flugzeug zwischenlanden, um aufzutanken. Sie können in diesem Fall entweder nach einem mehrstündigen Aufenthalt direkt weiterfliegen oder einen längeren Stopover einlegen und die Stadt/das Land erkunden.

Abflug / Departures

Flug Flight		nach to	ab via	planmäßig scheduled		Flug Gate	Bemerkungen Remarks
LH	7492	Seeheim		08:00		B24	
LH	4060	Florenz		11:20			
LH	450	Los Angeles		11:40	12:00	A63	Cancelled
AI	126	Hyderabad-Mumbai		11:45		B42	NZ4650
LH	3302	Warschau		12:05		A30	UA8890
OS	286	Innsbruck		12:05		B13	LH6416
LH	6812	Koeln Hbf		12:09		T6	Zug
LH	3260	Prag		12:15		A11	US8733
LH	3632	Graz		12:15		A19	SK3363
LH	3844	Rom		12:15		A26	BD3598
LH	1172	Paderborn Lippstadt		12:15		A4	
SK	2636	Stockholm		12:15		B7	LH6226
UA	917	Washington		12:20		A55	LH9050

LH	7492	Seeheim	08:00		B24	
LH	4060	Florenz	11:20			Annulliert
LH	450	Los Angeles	11:40	12:00	A63	NZ4650
AI	126	Hyderabad-Mumbai	11:45		B42	
LH	754	Bangalore	11:50		C14	UA8898
LH	3302	Warschau	12:05		A30	AC9080
OU	413	Split	12:05		B56	
JP	113	Ljubljana	12:05		B11	
OS	286	Innsbruck	12:05		B13	AC9670
LH	6812	Koeln Hbf	12:09		T6	Zug
LH	444	Atlanta	12:10		A62	SK3371
LH	4806	London-City	12:10		B33	BD3464
LH	3260	Prag	12:15		A11	AC9060
LH	3632	Graz	12:15		A19	BD3432

Bitte entnehmen Sie ihre Codeshareflugnummer der Bemerkungsspalte

Flugplanung

Vorteil eines mehrere Tage dauernden Zwischenstopps: Sie sehen noch etwas mehr von der schönen Welt, können sich etwas länger die Beine vertreten, bekommen eine Pause vom sehr langen Flug und können mitunter Ihre innere Uhr etwas sanfter auf die Ortszeit Ihres endgültigen Ziels einstellen. Natürlich dauert die Anreise dann insgesamt länger.

Ein Flug mit einem mehrstündigen Zwischenstopp stellt meist eine große Herausforderung für Familien mit kleinen Kindern dar, vor allem wenn der erste Flugabschnitt bereits sehr lang war. Die Kinder und Sie selbst sind wahrscheinlich müde, vielleicht auch hungrig. Ein Zwischenstopp kann bis zu 24 Stunden dauern oder auch sehr kurz sein. Bei kurzen Zwischenstopps liegt die Gefahr darin, dass Sie Ihren Anschlussflug verpassen, sollte Ihr Zubringerflug nur etwas verspätet sein. Bei Billigfliegern müssen Sie die kurze Zeit mitunter nutzen, um Ihre Vorräte an Getränken und Snacks aufzustocken. Auch für einen Besuch im Wickelraum und auf der Toilette (für alle, auch für die Eltern) sollte noch Zeit sein. Längere Zwischenstopps – teils bis zu 24 Stunden – können sich extrem hinziehen. Eventuell ist es sinnvoll, in einem solchen Fall ein Hotelzimmer im Flughafen zu buchen, um Ihrer Familie einen privaten Rückzugsort zum Entspannen zu geben.

- **Tagflug versus Nachtflug:** Nachtflüge sind besonders mit kleinen Kindern empfehlenswert. Meist geht es erst spät am Abend los, sodass Kinder und Erwachsene beim Boarding bereits mit der nötigen Müdigkeit an Bord gehen. Nach dem Essen wird das Licht gedimmt und somit eine passable Schlafstimmung im Flugzeug erzeugt. Mit etwas Glück ist das Flugzeug nicht ausgebucht und Sie können sich auf einer Sitzbank lang ausstrecken. Nachteil: Wenn Ihr Kind überdreht ist und vor Aufregung und wegen der vielen neuen Eindrücke kein Auge zubekommt, müssen auch Sie wach bleiben. Säuerliche Bemerkungen und ungnädige Blicke der müden Mitreisenden inklusive.

> **•• TIPP**
>
> Wenn Sie einen Zwischenstopp einlegen müssen – etwa bei einem Flug nach Australien – dann unterbrechen Sie Ihre Reise für mehrere Tage. Suchen Sie sich für Ihren Stopover ein familienfreundliches Reiseziel aus (zum Beispiel Singapur auf der Westroute oder San Francisco auf der Ostroute).

> **•• ACHTUNG**
>
> Ein Direktflug bezeichnet im Airliner-Jargon eine Flugverbindung zwischen zwei Flughäfen. Entgegen der gängigen Annahme kann ein Direktflug auch eine Zwischenlandung beinhalten, im schlimmsten Fall sogar einen Flugzeugwechsel. Wer also ohne Zwischenlandung fliegen möchte, muss einen Nonstop-Flug buchen.
>
> ---
>
> Vorsicht bei Umsteigeflügen innerhalb des Ziellandes (→ *Wie viel Zeit benötigen wir für das Umsteigen mit Kind?*, Seite 180)

> **•• INFO**
>
> Um sich einen Überblick über die angebotenen Flugverbindungen und Flugtarife auf einer Strecke zu verschaffen, nutzen Sie am besten ein Buchungsportal wie beispielsweise *www.expedia.de* (3).

Wie finden wir eine familienfreundliche Fluggesellschaft?

Nicht alle Fluggesellschaften erleichtern reisenden Eltern den Flug. Die Auswahl der passenden Fluggesellschaft für Ihren Flug mit Baby oder Kind ist nicht minder wichtig wie die Wahl des richtigen Fluges bezüglich Uhrzeit und Abflughafen. Ein schlechtes

Flugplanung

Flugerlebnis gleich zu Beginn der Reise bleibt leider jedem in Erinnerung. Auf folgende Dinge sollten Sie achten:

- **Kinderermäßigung:** Wie hoch ist die Kinderermäßigung? Gibt es weitere Ermäßigungen für die Buchung eines *infant seat*? Fliegen Babys, die auf dem Schoß eines Elternteils sitzen, kostenlos?
- **Check-in:** Ist Vorabend- oder Online-Check-in möglich?
- **Sitzplätze:** Können Sie zusammenhängende Sitzplätze für die ganze Familie reservieren? Gibt es eine Eltern-Kind-Reihe mit Babybassinets und etwas mehr Beinfreiheit? Bietet die Fluggesellschaft kinderlosen Passagieren garantiert kinderfreie Sitzreihen an Bord?
- **Gepäckbestimmungen:** Gibt es Freigepäck für auf dem Schoß mitreisende Babys (Handgepäck und aufgegebenes Gepäck)? Werden Buggy, Autokindersitz und Reisebettchen kostenfrei transportiert?
- **Sicherheit:** Gestattet die Fluggesellschaft die Nutzung eines Autokindersitzes oder des CARES-Sicherheitsgurtes? Wenn ja, welche Kindersitze sind zugelassen? Wie kompliziert ist die Anmeldung des Kindersitzes für den Flug?
- **Boarding:** Gibt es ein bevorzugtes Einsteigen für Familien?
- **Babynahrung:** Können Gläschen und Fläschchen aufgewärmt werden? Gibt es kostenlose Babynahrung und Windeln an Bord?
- **Kindermenü:** Ist das Kindermenü im Preis inbegriffen?
- **Babybassinet:** Gibt es die Möglichkeit, ein Babybettchen zu reservieren? Welche Alters-, Größen- oder Gewichtsgrenzen setzt die Airline dafür?
- **Animation:** Gibt es ein TV-System mit Kinderfilmen für jedes Alter? Werden an Bord kostenlos Malzeug und altersgerechte Spielsachen an die Kinder verteilt, auch für die ganz kleinen? Gibt es vielleicht sogar geschultes Bordpersonal für die Kinderbetreuung über den Wolken?

•• INFO

Amerikanische Fluggesellschaften bieten auch auf Langstreckenflügen vergleichsweise wenig Service und Komfort. Aufgrund von verschärften Sicherheitsvorschriften der amerikanischen Bundesluftfahrtbehörde FAA ist es an Bord nicht erlaubt, während des Fluges im Gang spazieren zu gehen. Auf mehrstündigen Flügen mit kleinen Kindern bedeutet das eine große Bewegungseinschränkung.

Asiatischen und arabischen Fluggesellschaften eilt der Ruf voraus, sehr serviceorientiert zu sein. Sowohl bei asiatischen, arabischen sowie bei europäischen Fluggesellschaften gibt es an Bord oft viele inkludierte Leistungen wie Babynahrung, Windeln, Kekse und Kinderspielzeug. Getränke sind hier auf Langstreckenflügen normalerweise im Flugpreis inbegriffen.

Wie finden wir familienfreundliche Flughäfen?

In der Tat werden Sie mit großer Wahrscheinlichkeit mehr Zeit auf den Flughäfen als tatsächlich in der Luft im Flugzeug verbringen. Familienfreundliche Flughäfen bieten ein umfangreiches Angebot an kinderfreundlichen Einrichtungen wie zum Beispiel attraktive Spielzonen für Kleinkinder, in denen sich der Nachwuchs vor dem Boarding noch einmal richtig austoben kann. Aber leider gehört eine familienfreundliche Ausstattung noch nicht zum allgemeinen Flughafen-Standard.

Insbesondere wenn Sie mit einem Zwischenstopp fliegen und die Wahl zwischen verschiedenen Flughäfen haben, lohnt sich als Entscheidungshilfe schon in der Planungsphase ein Blick auf die Flughafen-Webseiten. Hier finden Sie meist Informationen zu Indoor-Spielplätzen, Ruhezonen und weiteren Serviceangeboten. Manche Flughäfen bieten Informationsbroschüren oder Lagepläne

Flugplanung

für Familien an, die kostenlos aus dem Internet heruntergeladen werden können.

Was Sie vor der Flugbuchung noch klären sollten

Wenn Sie sich für eine Flugreise entschieden haben, sollten Sie vor der Buchung folgende Dinge abklären:

- **Gesundheit:** Informieren Sie Ihren Kinderarzt über Ihre Reisepläne und fragen Sie ihn, ob er Einwände gegen Ihre Flugreise hat. Bitten Sie ihn auch um eine Aussage zur Kindertauglichkeit des von Ihnen gewählten Reiseziels. Alle Impfungen und U-Untersuchungen sollten bei Abflug auf dem aktuellen Stand sein.
- **Sicherheit an Bord:** Wenn Sie Ihr Kind mit einem Kinderrückhaltesystem (KRS) – zum Beispiel einem Autokindersitz oder Gurtsystem – im Flugzeug auf dem Sitzplatz sichern wollen, müssen Sie herausfinden, ob Ihre Wunschfluggesellschaft die Nutzung von KRS im Fluggastraum gestattet. Falls nicht, haben Sie noch genug Zeit, um nach Alternativen zu suchen.
- **Autokindersitz:** Überprüfen Sie, dass Ihr Autokindersitz für die Nutzung in allen Flugzeugen, bei allen Fluggesellschaften und auf allen Flugstrecken zugelassen ist. Falls Sie keinen flugzeugtauglichen Autokindersitz besitzen, aber mit Kindersitz fliegen wollen, überlegen Sie, ob Sie einen entsprechenden Sitz bis zum Flug noch kaufen oder ausleihen können.

> **●● TIPP**
>
> Vom ADAC für die Nutzung im Auto empfohlene Autokindersitze, die auch für die Nutzung im Flugzeug zugelassen sind, finden Sie hier: *www.kidsaway.de/flugzeug-autokindersitze* (4)

> **•• INFO**
>
> Dieser Ratgeber behandelt ausschließlich flugrelevante Themen. Natürlich müssen Sie sich auch noch um andere Dinge wie Einreisebestimmungen, Pässe, Visa und Impfungen, die für Ihr Reiseland vorgeschrieben sind, kümmern.

> **•• TIPP**
>
> Wie Sie möglichst stressfrei und schnell einen Reisepass für Ihr Kind beantragen können, erfahren Sie im → *Bonuskapitel: Kinderreisepass beantragen* ab Seite 196.

Gesundheit

ERKÄLTUNG

Können wir mit einem erkälteten Kind fliegen?

Mit einem kranken Kind sollten Sie nicht fliegen. Eine einfache Erkältung mit verstopfter Nase oder Ohrenschmerzen kann bereits zum Problem werden. Erwägen Sie, im Krankheitsfall Ihren Flug zu verschieben.

Mit einer abklingenden Erkältung kann Ihr Kind normalerweise wieder in ein Flugzeug steigen – vorausgesetzt, die Ohren und Bronchien sind frei, auch wenn die Nase noch tropft oder das Kind noch leicht hustet. Abschwellende Nasentropfen sind in einem solchen Fall empfehlenswert. Versorgen Sie Ihr Kind vor und während des Fluges mit viel Wasser und Getränken.

> **●● TIPP**
>
> Wenn es sich nicht vermeiden lässt und Sie mit einem kranken Kind fliegen müssen, sprechen Sie mit Ihrem Kinderarzt und erkundigen sich, ob es altersgerechte, schmerzlindernde Medikamente gibt, die Ihrem kranken Kind das Fliegen erleichtern können.
>
> ---
>
> Wenn Sie mit Baby oder Kind fliegen, sollten Sie für Ihre Familie unbedingt eine Reiserücktrittskosten- und Reiseabbruchversicherung abschließen. Wenn ein Familienmitglied erkrankt, genügt dann ein Attest vom Arzt, um den Flug zu stornieren.

FLUGANGST

Mein Kind hat Angst vorm Fliegen. Wie kann ich ihm helfen?

Mehr als die Hälfte aller Menschen fühlt sich beim Fliegen unwohl. Meist überträgt sich die Angespanntheit und Nervosität der Eltern auf die Kinder. Aber von Natur aus ängstliche Kinder können auch unter Flugangst leiden, wenn beide Elternteile völlig entspannt sind.

So können Sie Ihrem Kind helfen:

Vor der Reise
- Bereiten Sie Ihr Kind auf die ungewohnte Situation vor. Sie können beispielsweise in Rollenspielen typische Situationen nachspielen: Schlüpfen Sie in die Rolle eines Piloten, einer Flugbegleiterin oder mimen Sie den Beamten an der Passkontrolle.
- Lesen Sie Ihrem Kind altersgerechte Kinderbücher zum Thema Fliegen vor. Es gibt bereits tolle Bilderbücher zum Thema Flughafen und Fliegen für die ganz Kleinen. Größere Kinder interessiert, warum ein Flugzeug überhaupt fliegen kann (→ *Wie kann ich mein Kind auf den Flug vorbereiten?*, Seite 56).
- Halten Sie Ihr Kind fern von medialen Horrorszenarien wie Flugzeugabstürzen und -entführungen.
- Wenn Sie selbst unter Flugangst leiden, akzeptieren Sie Ihre Angst und suchen Sie sich vor dem nächsten Flug professionelle Hilfe.

Auf der Reise
- Körperliches Wohlbefinden ist die Grundlage für seelisches Wohlbefinden. Achten Sie darauf, dass Ihr Kind vor dem Flug und während des Fluges viel trinkt. Es sollte bequeme Kleidung tragen, die nicht einschnürt und tiefes Atmen ermöglicht.
- Sorgen Sie für Ablenkung. Spielen Sie mit Ihrem Kind Ratespiele, malen Sie ein Bild oder erkunden Sie gemeinsam das Angebot an Kinderfilmen im TV-Bordprogramm. Geben Sie

Gesundheit

Ihrem Baby die Flasche oder Brust und reden Sie leise und beruhigend mit ihm. Empfehlungen, wie Sie Ihr Kind an Bord beschäftigen können, finden Sie im Kapitel → *Kinderbeschäftigung ab* Seite 155.

- Seien Sie selbst ruhig und entspannt. Kinder sind sehr feinfühlig. Leiden Sie unter Flugangst, so ist die Wahrscheinlichkeit groß, dass sich Ihre Angst auf Ihr Kind überträgt.
- Manche Eltern schwören auf Rescue-Tropfen aus Bachblüten fürs Baby vor dem Start.
- Wenn Sie zu zweit reisen und nur ein Elternteil unter Flugangst leidet, sollte sich der angstfreie Erwachsene während des Fluges um das Kind kümmern.

JETLAG

Was ist Jetlag?

Ein Jetlag entsteht, wenn man binnen weniger Stunden mehrere Zeitzonen durchreist. Unsere innere Uhr wird vor allem durch das Sonnenlicht gesteuert. Am Flugziel herrscht eine andere Tageszeit, wodurch wichtige, über die innere Uhr gesteuerte Körperfunktionen wie der Schlaf-Wach-Rhythmus, das Hungergefühl oder die Verdauung aus dem Lot geraten.

Die Folge: Man ist am helllichten Tag besonders müde, aber auch zur falschen Zeit hellwach. Durch das Durcheinander kommt es außerdem zu Konzentrationsproblemen und Gereiztheit, oft auch zu Übelkeit oder Hungerattacken zu unpassenden Zeiten.

Leiden Kinder und Erwachsene gleichermaßen unter Jetlag?

Fast jeder Mensch leidet nach einem Langstreckenflug unter Jetlag. Mit einer Ausnahme: Babys haben bis zum sechsten Monat noch keine entwickelte „innere Uhr", also leiden sie auch nicht an Jetlag.

Für ältere Kinder, die bereits einen geregelten Schlaf-Wach-Rhythmus haben, gilt jedoch das gleiche wie für Erwachsene.

Wie lange dauert es, bis ein Jetlag überwunden ist?

Als Faustregel gilt: Um eine bis anderthalb Stunden Zeitverschiebung auszugleichen, braucht der Körper ungefähr einen Tag. Für einen Flug an die Westküste der USA, die neun Zeitzonen von der mitteleuropäischen entfernt ist, braucht man entsprechend sechs bis neun Tage. Das ist aber individuell sehr verschieden: Manche benötigen mehrere Wochen, andere sind schon nach einigen Tagen in der neuen Zeit „angekommen".

> **•• TIPP**
>
> Größere Umstellungsschwierigkeiten gibt es bei Flügen von Westen nach Osten. Wer die Wahl hat – etwa bei einer Weltreise – sollte mit Kindern immer Richtung Westen fliegen.

Kann man Kindern die Umstellung mit Medikamenten erleichtern?

Etwa zehn Prozent aller Fernreisenden nutzen Schlafmittel, weil sie unter Jetlag leiden. Aber Vorsicht: Schlafmittel lindern nur die Symptome, sie wirken nicht gegen den Jetlag an sich. Hier sollte man sich auf jeden Fall von einem Schlafmediziner beraten lassen! Bei Kindern raten Experten von der Verabreichung von Schlafmitteln beim Fliegen ab (→ Seite 141).

Gesundheit

Empfehlungen für Eltern zur Überwindung des Familien-Jetlags

- **Tagesablauf schrittweise umstellen:** Beginnen Sie etwa eine Woche vor Abflug damit, den Tagesablauf alle zwei Tage um eine Stunde nach hinten oder vorn zu verschieben, je nachdem, ob Sie nach Westen oder Osten fliegen werden.
- **Jetlag einplanen:** Planen Sie sowohl vor als auch nach dem Flug jeweils ein paar Tage für die Umstellung ein, in denen Sie sich nicht viel vornehmen. Also: Am Urlaubsort nicht gleich voll durchstarten, sondern erst einmal ein paar Tage an einem ruhigen Ort verweilen.
- **Nicht tagsüber schlafen:** Vermeiden Sie, nach dem Langstreckenflug tagsüber zu schlafen. Aus einem Nickerchen wird nämlich schnell der gewohnte Tiefschlaf, aus dem man nur schwer und gerädert wieder erwacht. Das ist im Urlaub zum Glück meist kein Problem: Müde Kinder kann man mit Spielplatz- oder Swimmingpool-Besuchen so lange wach halten, bis sie schlafen dürfen.
- **Essenszeiten an die Ortszeit anpassen:** Auch die Mahlzeiten sollten schnell zu den am Urlaubsort üblichen Zeiten eingenommen werden (kleine Snacks gegen den Heißhunger sind natürlich erlaubt).
- **Vor dem Schlafengehen kohlenhydratreich essen:** Damit Ihr Kind nicht nachts hungrig aufwacht, sollten Sie es vor dem Ins-Bett-Bringen besonders üppig füttern. Und zwar mit kohlenhydratreichen Nahrungsmitteln. Diese sorgen bei Ihren Kindern für Zufriedenheit und eine ordentliche Portion Müdigkeit.
- **Viel Tageslicht:** Um die innere Uhr zurückzustellen, sollte man sich morgens nach dem Aufstehen mindestens 45 Minuten dem Tageslicht aussetzen. Viel Licht am frühen Abend hilft dabei, die innere Uhr vorzustellen. In den Wintermonaten kann man dafür eine Lichtbox benutzen, wie sie in Skandinavien oft eingesetzt wird.

- **Gemeinsam mit den Kindern zu Bett gehen:** Auch Eltern benötigen ausreichend Schlaf, um sich um ihre putzmunteren Kinder mitten in der Nacht kümmern zu können.
- **Bei Kurztrips:** Mitunter ist es sinnvoller, bei Reisen, die nicht mehr als ein paar Tage dauern, die innere Uhr erst gar nicht umzustellen und den gewohnten Tagesrhythmus beizubehalten. Dann vermeidet man zwei anstrengende Umstellungen innerhalb kurzer Zeit.

OHRENSCHMERZEN

Warum bekommen manche Menschen Ohrenschmerzen beim Fliegen?

Jeder zweite Erwachsene, der schon einmal geflogen ist, kennt den unangenehmen bis schmerzhaften Druck im Ohr, der vor allem während des Landeanfluges auftreten kann.

Der Druck auf den Ohren hängt von zwei Faktoren ab: dem Flugzeugtyp und dem Zustand der Eustachischen Röhre, die von der Nase zum Ohr führt. Die Boeing 737 ist zum Beispiel ein Kandidat für Ohrenschmerzen, weil der Kabinendruck hier sehr rasch steigt.

Bei Kindern ist die Eustachische Röhre anders aufgebaut als bei Erwachsenen: Sie ist kürzer und befindet sich an einer anderen Stelle. Kinder haben deshalb öfter als Erwachsene Probleme mit dem Druckausgleich. Selten, aber im schlimmsten Fall, kann es zu gerissenen Trommelfellen, Schwindel oder Erbrechen kommen.

Bekommen alle Babys und Kleinkinder beim Fliegen Ohrenschmerzen?

Nein. Nur jedes vierte Kind leidet während des Starts und vor allem während des Landeanfluges unter Ohrenschmerzen. 75 Prozent aller Babys und Kleinkinder fliegen hingegen beschwerdefrei.

Was können wir gegen Ohrenschmerzen tun?

Um zu vermeiden, dass Ihr Baby oder Kind unter Ohrenschmerzen während des Starts und des Landeanfluges leidet, können Sie folgende Dinge tun:

- **Stillen** Sie Ihr Baby. Flaschenkinder geben Sie während Start und Landung die Flasche. Wenn Ihr Baby nicht trinken mag, geben Sie ihm einen **Schnuller** zum Saugen. Schlucken und Saugen erleichtern den Druckausgleich.
- Kinder, die schon feste Kost zu sich nehmen, ermuntern Sie am besten ebenfalls während Start und Landung zum **Trinken**.
- Alles, was zum **Kauen** animiert, ist gut: zuckerfreie Lutschbonbons, Kaugummis, Lutscher oder ein kleiner Snack.
- Fordern Sie ältere Kinder auf, zu **gähnen** oder **Grimassen** zu schneiden. Sie können auch Ihrem Kind vorsichtig die Nase zuhalten und ihm erklären, dass es nun mit geschlossenem Mund die Luft gegen die Nase und Mund pusten soll, bis es in den Ohren ploppt.
- Wenn Ihr Kind anfängt zu **weinen**, ist das auch gut: denn Weinen unterstützt den Druckausgleich.
- Manchmal hilft es auch, Ihr Kind einfach zum **Reden** zu bringen. Stellen Sie Ihrem Kind Fragen wie: „Was möchtest du zuerst machen, wenn wir beim Ferienhaus ankommen?"
- Für Kinder ab einem Jahr (und auch für Erwachsene) gibt es spezielle **Ohrstöpsel** gegen Ohrenschmerzen beim Fliegen.
- Wenn Ihr Kind leicht erkältet ist: Geben Sie ihm etwa 15 Minuten vor dem Start und der Landung abschwellende **Nasentropfen**.

> **•• TIPP**
>
> Suchen Sie alle Dinge, die Sie für Ihr Kind bei der Landung benötigen, rechtzeitig vor dem Aufleuchten des Anschnallzeichens zusammen.

Gesundheit

> **•• TIPP**
>
> Die trockene Luft in Flugzeugen kann zum Austrocknen der Nasenschleimhaut führen. Stellen Sie sicher, dass Ihr Kind während des Fluges ausreichend trinkt.

> **•• ACHTUNG**
>
> Hat Ihr Kind eine Ohreninfektion oder Atemwegsinfektion, sollten Sie vor dem Flug einen Kinderarzt aufsuchen und eventuell Ihren Flug verschieben.

REISEKRANKHEIT

Wird Kindern im Flugzeug leicht übel?

Kinder zwischen zwei und zwölf Jahren leiden häufiger als Erwachsene unter Übelkeit im Flugzeug. Babys und Kleinkinder unter zwei Jahren hingegen sind fast nie betroffen. Das liegt daran, dass ihr Gleichgewichtssinn noch nicht voll entwickelt ist.

> **•• INFO**
>
> Die Reisekrankheit ist im eigentlichen Sinne keine Krankheit, sondern das Ergebnis einer Fehlreaktion: Die Ursache sind widersprüchliche Signale an das Gehirn, woraufhin dieses eine falsche Reaktion auslöst. Die Augen melden festen Stand, das Innenohr verzeichnet die starken Schwankungen des Flugzeugs. Die Ursache der Schwankungen kann das Auge nicht sehen, weil der Blick auf den Horizont fehlt.

Wie merke ich, dass mein Kind reisekrank wird?

Beobachten Sie Ihr Kind aufmerksam auf der gesamten Reise: Wird es nörgelig, müde und blass, gähnt häufig oder sabbert, beginnt es gar zu frösteln? – All das sind Anzeichen dafür, dass Ihrem Kind übel ist. Einem reisekranken Kind ist warm, es wird schläfrig und schließlich muss es sich übergeben. Auch wenn Ihr Kind über Unwohlsein oder Kopfschmerzen klagt, könnte es unter Reisekrankheit leiden. Wen es stärker erwischt, der hat mit Erbrechen, abfallendem Blutdruck sowie Hyperventilation zu kämpfen.

Was kann ich tun, wenn meinem Kind im Flugzeug übel wird?

- Beim ersten Anzeichen sollten Sie gemeinsam mit Ihrem Kind aufstehen und sich im Gang mit ihm bewegen. Nicht aus den Seitenfenstern schauen, da hier der gewohnte Horizont fehlt und damit das Gehirn noch mehr irritiert wird. Es sei denn, Sie blicken dabei auf eine Tragfläche.
- Im Flugzeug steckt an jedem Platz eine dezente Spucktüte, deren Vorhandensein Sie direkt nach dem Start überprüfen sollten. Alternativ lassen sich Plastiktüten, Mullwindeln oder Handtücher nutzen.
- Verabreichen Sie Ihrem Kind Ingwertropfen oder geben Sie ihm ein Reisekaugummi. Für schwere Fälle gibt es Zäpfchen.

●● TIPP

Die Wahrscheinlichkeit ist groß, dass im Ernstfall etwas daneben geht. Deshalb sollten Sie im Handgepäck neben einem Komplettsatz Wechselkleidung pro Person auch eine wasserfeste Plastiktüte sowie Feuchttücher für die Reinigung parat haben (→ *Checkliste: Was gehört ins Handgepäck?*, Seite 108).

Gesundheit

Auf unserem letzten Flug war meinem Kind übel. Wie können wir das beim nächsten Flug verhindern?

Zuverlässig verhindern können Sie nicht, dass Ihrem Kind oder auch Ihnen übel wird.

- **Sitzplatzwahl:** Versuchen Sie, im Flugzeug möglichst ruhige Plätze zu reservieren. Am wenigsten turbulent ist es im Flugzeug über den Tragflächen und im vorderen Teil.
- **Ablenkung:** Sprechen Sie viel mit Ihrem Kind – aber nicht darüber, dass ihm übel werden könnte. Singen Sie leise gemeinsam und spielen Sie Reisespiele (→ *Womit kann ich mein Kind im Flugzeug beschäftigen?*, Seite 157).
- **Nicht zum Essen zwingen:** Kinder haben ein gesundes Bauchgefühl. Wenn Ihr Kind auf dem Flug nichts essen oder nicht aufessen will, sollten Sie es nicht zwingen. Ein paar trockene Kekse und Wasser in kleinen Schlucken genügen vollkommen und halten einen aufgeregten Magen in Schach. Auch Süßigkeiten, fettige Snacks oder zuckrige, kohlensäurehaltige Getränke strengen den Magen auf Reisen zu sehr an.

●● TIPP

Mit etwas Glück verschläft Ihr Kind den größten Teil des Fluges und entgeht somit dem Risiko, reisekrank zu werden. Im Schlaf macht das Gleichgewichtsorgan im Innenohr nämlich Pause.

●● ACHTUNG

Eltern, die unter Reisekrankheit leiden, müssen besonders aufpassen: Lenken Sie sich ab, indem Sie sich um Ihr Kind kümmern. Ist Ihnen bereits sterbenselend, bitten Sie andere Passagiere oder Flugbegleiter um Hilfe; Eltern, denen übel ist, sind nämlich nicht mehr in der Lage, sich um quirlige (oder ebenfalls reisekranke) Kinder zu kümmern.

Gibt es Medikamente gegen Reiseübelkeit?

Die meisten Medikamente gegen Reiseübelkeit sind Antihistaminika – sie dämpfen ähnlich wie Allergiemittel das zentrale Nervensystem, sodass das Übelkeitsempfinden unterdrückt wird. Auch für Kleinkinder sind einige dieser Mittel zugelassen. Sie werden etwa eine Stunde vor Reiseantritt eingenommen und wirken dann ungefähr vier Stunden. Erwischt Ihr Kind die Reisekrankheit unerwartet, kann es schneller wirkende Kaugummis kauen. Kleinkindern können Sie ein Zäpfchen geben.

Der Nachteil: Antihistaminika machen müde. Wer sich um Kinder kümmern muss, für den sind diese Mittel daher weniger geeignet.

Härtere Fälle können sich vom Arzt Medikamente verschreiben lassen: Der Wirkstoff Scopolamin ist für Kinder zugelassen und nachgewiesen sehr wirksam. Plus: Er macht nicht müde. Das Präparat muss man allerdings spätestens fünf Stunden vor der Reise einnehmen, am besten schon am Vorabend der Abreise.

Hat sich Ihr Kind bereits erbrochen, ist es zu spät für sanfte Hilfe: Dann heißt es abwarten und durchhalten. Lässt der Brechreiz gar nicht nach oder leidet Ihr Kind sehr, ist ein Zäpfchen die letzte Möglichkeit. Auch hier sollten Sie sich vor dem Flug mit dem Kinderarzt beraten.

Die Homöopathie kennt ebenfalls einige Mittel gegen Reiseübelkeit: Cocculus soll bei starkem Schwindel, Übelkeit, zittriger Schwäche und Erbrechen wirken, wenn man auf die Bewegungen des Transportmittels reagiert. Ist man eher allgemein aufgeregt wegen der Reise, kann Gelsemium helfen.

Gesundheit

STRAHLENBELASTUNG

Ist die Strahlenbelastung beim Fliegen für unser Kind gefährlich?

Für Kinder und Erwachsene, die gelegentlich fliegen, ist die Strahlenbelastung über den Wolken während eines Fluges laut gängiger Expertenmeinung unbedenklich. Für eine ausführliche Erläuterung siehe → *Ist die Strahlenbelastung auf einem Langstreckenflug schädlich für mein ungeborenes Kind?*, Seite 191

Flugbuchung

TICKETPREIS

Was kostet ein Flugticket für unser Baby?

Neugeborene und Babys bis zu einem Alter von zwei Jahren werden von den meisten Fluggesellschaften kostenlos oder zum stark ermäßigten Preis befördert, wenn sie auf dem Schoß eines Elternteils und ohne eigenen Sitzplatz mitreisen.

Als Babys (*infants*) gelten Säuglinge und Kleinkinder, die zum Zeitpunkt des Rückfluges noch keine zwei Jahre alt sind.

- **Linienfluggesellschaften:** Auf Inlandsflügen fliegen Babys oft gratis mit, bei Mittel- und Langstreckenflügen berechnen die meisten Fluggesellschaften zehn Prozent des regulären Ticketpreises.
- **Pauschal- und Billigfluggesellschaften:** Diese Fluggesellschaften berechnen mitunter einen Festpreis, der in Deutschland etwa zwischen 15 und 24 Euro pro Flugstrecke liegt.

> **●● TIPP**
>
> Das Mitfliegen auf dem Schoß eines Elternteils ist nicht nur unbequem für das Baby und den Elternteil, sondern auch lebensgefährlich. Auch für ein Baby können Sie einen eigenen Sitzplatz zum ermäßigten Kindertarif buchen und Ihr Baby im selbst mitgebrachten Autokindersitz während des Fluges sichern. Informationen hierzu finden Sie im Kapitel → *Fliegen mit Autokindersitz* ab Seite 133.

Flugbuchung

Bis zu welchem Alter fliegen Kinder zum ermäßigten Kindertarif?

Die meisten Fluggesellschaften gewähren Kindern zwischen zwei und elf Jahren einen Kinderrabatt in Höhe von 20 bis 33 Prozent auf den Flugpreis. Kinder ab zwölf Jahren zahlen den vollen Flugpreis.

Babys, für die ein eigener Sitzplatz gebucht wird, zahlen den ermäßigten Kinderpreis.

> **●● INFO**
>
> Kinderermäßigung gibt es meist nur für reguläre Flugtickets. Bereits reduzierte Flugtickets und Billigflugtickets können nicht weiter rabattiert werden.

> **●● ACHTUNG**
>
> Der Kinderrabatt wird lediglich auf den reinen Flugpreis gewährt, jedoch nicht auf noch zu addierende Steuern, Gebühren, Treibstoff- und Sicherheitszuschläge. Bei preiswerten Flügen machen diese Abgaben mitunter den Hauptteil des Flugpreises aus.

Welcher Preis gilt, wenn unser Kind während der Reise zwei Jahre alt wird?

Das Alter des Kindes auf dem Rückflug ist maßgeblich für die gesamte Flugbuchung. Wird ein Kleinkind also während der Reise zwei Jahre alt, so ist für den gesamten Flug (Hin- und Rückflug) der Kindertarif zu entrichten.

> **•• TIPP**
>
> In einem solchen Fall sollten Sie direkt die Fluggesellschaft kontaktieren und verhandeln. Versuchen Sie, den Hinflug zum Babytarif (INF) und nur den Rückflug zum teureren Kindertarif (CLD) zu buchen. Wenn das nicht geht, könnten Sie überlegen, Hin- und Rückflug getrennt zu buchen. Natürlich nur, wenn Sie für Ihr Baby für den Hinflug keinen eigenen Sitzplatz buchen möchten.

Wir haben schulpflichtige Kinder und müssen deshalb innerhalb der Schulferien verreisen. Wie können wir bei der Flugbuchung etwas Geld sparen?

- **Frühzeitig buchen:** Je früher, desto besser. Laut Stiftung Warentest gibt es etwa sieben Monate vor Reisebeginn die besten Preise. Und Last-Minute-Schnäppchen gibt es heutzutage kaum noch.
- **Günstige Flughäfen:** Eine vierköpfige Familie kann 100 bis 200 Euro bei der Flugbuchung sparen, indem sie einfach einen Abflughafen in einem Bundesland wählt, wo die Schulferien schon vorbei sind. Nachteil: Die Zuganreise zu dem entfernt gelegenen Flughafen kann mehrere Stunden dauern. Mit einem Baby oder Kleinkind und vielen Koffern im Gepäck ist daher abzuwägen, ob der preisliche Vorteil diese zusätzliche Belastung aufwiegt.
- **Kostenlose Anreise zum Flughafen:** Bei Buchung einer Flugreise sind Rail & Fly-Tickets oftmals im Preis enthalten. Dies lohnt sich insbesondere dann, wenn der Flugpreis vom weiter entfernten Flughafen deutlich günstiger ist. Manche Airlines geben bei einer Flugbuchung das Rail & Fly-Ticket auf Nachfrage kostenlos oben drauf. Wenn dies nicht automatisch geschieht, rufen Sie die Hotline an und fragen Sie nach.

Flugbuchung

- **"Krumme Termine" wählen:** Wer anstatt der klassischen sieben Tage verreist, hat bei fünf oder neun Urlaubstagen höhere Chancen auf einen günstigen Tarif. Und das oft nicht nur beim Flug, sondern auch beim Hotel.
- **Nicht gleich zum Ferienbeginn verreisen:** Zum Ferienanfang sind Flugtickets meist teurer.
- **In der Woche fliegen:** Vermeiden Sie gängige Abflugtage wie Samstag oder Sonntag.
- **Späte Oster- oder Pfingstferien nutzen:** Liegen die Oster- oder Pfingstferien spät, können Sie diese für einen zeitigen Sommerurlaub nutzen und in den Sommerferien Urlaub zu Hause machen.
- **Pauschalpaket buchen:** Ab zwölf Jahren zahlen Kinder den vollen Ticketpreis bei einer Flugbuchung. Manche Reiseveranstalter gewähren aber auch für Kinder über zwölf Jahre noch günstige Kinderfestpreise für eine Pauschalreise inklusive Flug. Deshalb gilt bei älteren Kindern: Preise einholen und vergleichen!
- **Erwachsenen- und Kinderpreise bei Pauschalreisen vergleichen:** Preise für Kinder variieren stark je nach Alter. Günstige Erwachsenenpreise reichen nicht, wenn der Kinderpreis die Gesamtkosten für die Reise nach oben zieht. Manchmal schneidet eine Reise mit etwas höheren Erwachsenenpreisen, dafür aber attraktiven Kinderpreisen im Vergleich besser ab.

> **●● INFO**
>
> Pauschalreisen dürfen laut geltender Rechtsprechung im Internet nicht günstiger sein als im Reisebüro.

Wie finde ich den preisgünstigsten Flug für unsere Familie?

Vergleichen, vergleichen, vergleichen. Am besten gehen Sie wie folgt vor:

1. Verschaffen Sie sich einen Überblick über die Flüge zu Ihrem Wunschreiseziel. Besuchen Sie dafür eine Meta-Flugbuchungsmaschine im Internet wie beispielsweise *www.swoodoo.de* (5)
2. Treffen Sie eine Auswahl an Flügen, die für Ihre Familie in Frage kommen (Reisedatum, Reisezeit, Reiseroute, Anzahl der Zwischenstopps, Preis).
3. Führen Sie nun weitere Preis- und Verfügbarkeitsabfragen für alternative Abflughäfen sowie bei anderen Reiseportalen und Flugbuchungsmaschinen durch und vergleichen Sie die Optionen.
4. Wenn Sie an einem Bonusprogramm einer Fluggesellschaft teilnehmen, prüfen Sie, mit welchen Partnerairlines Sie Prämienpunkte oder Prämienmeilen sammeln können.
5. Besuchen Sie die Webseiten der Fluggesellschaften und prüfen Sie dort den Preis für den gleichen Flug. Manchmal ist der Flug hier wesentlich günstiger. Insbesondere bei Sonderwünschen wie Gabelflügen oder mehrtägigen Zwischenstopps bieten die Airline-Webseiten meist die besseren Preise.

> •• TIPP
>
> Wenn Sie Vielflieger sind, können Sie Ihre gesammelten Meilen/Punkte für ein Upgrade benutzen.

> •• ACHTUNG
>
> Wer über die Hotline eines Internetportals einen Flug bucht, zahlt meistens mehr, als wenn er direkt online bucht.

Flugbuchung

SITZPLATZBUCHUNG

Warum sollten wir einen eigenen Sitzplatz für unser Baby buchen?

- **Erhöhte Sicherheit:** Mitfliegen auf dem Schoß eines Elternteils kann für Babys lebensgefährlich sein (→ Seite 131). Der TÜV Rheinland, das Luftfahrt-Bundesamt sowie die amerikanische Bundesluftfahrtbehörde FAA empfehlen, Babys und Kleinkinder auf einem eigenen Sitzplatz mit einem Kinderrückhaltesystem (KRS) zu sichern, um sie bei auftretenden Turbulenzen sowie bei Start und Landung ausreichend vor Verletzungen zu schützen. Der Autokindersitz ist neben dem Hosenträgergurt ein von den meisten Fluggesellschaften zugelassenes KRS.
- **Vertraute Umgebung:** Ihr Kind kennt seine Babyschale oder seinen Kindersitz bereits aus dem Auto. In einer fremden Umgebung mit vielen Reizen kann der vertraute Sitz sehr sensible Kinder beruhigen.
- **Mehr Platz:** Insbesondere auf ausgebuchten mehrstündigen Langstreckenflügen mit größeren Babys ist der zusätzliche Komfort durch einen weiteren Sitzplatz nicht zu unterschätzen.
- **Mehr Komfort:** Wenn Ihr Kind im eigenen Kindersitz sitzt, ist der Flug meist für alle entspannter. Ihr Kind weint wahrscheinlich weniger und schläft mehr, so wie auf einer Autofahrt. Toilettengänge, Essenfassen und andere Situationen sind leichter zu bewerkstelligen. Während der Schlafenszeiten auf Nachtflügen ist Ihr Kind gut gesichert und muss bei Turbulenzen nicht aufgeweckt und auf Ihren Schoß genommen werden.

●● INFO

Wer plant, am Reiseziel mit Taxi oder Mietwagen zu fahren, kann die meist teure Miete eines fremden Autokindersitzes sparen und fährt auch im Urlaubsland sicher.

> **•• TIPP**
>
> Welche KRS sich für die Kindersicherung im Flugzeug eignen, erfahren Sie im Kapitel → *Sichere Kinderrückhaltesysteme* ab Seite 129.

Wie viel kostet ein eigener Sitzplatz für unter zweijährige Kinder?

Unter Zweijährige haben bei den meisten Fluggesellschaften „keinen Sitzplatzanspruch". Das bedeutet jedoch lediglich, dass die Fluggesellschaften für Kinder unter zwei Jahren keine kostenlosen eigenen Sitzplätze zur Verfügung stellen. Babys fliegen, wenn nicht ausdrücklich anders gewünscht, auf dem Schoß eines Erwachsenen.

Die Buchung eines eigenen Sitzplatzes für Babys ist dennoch möglich und wird eindringlich von den meisten Fluggesellschaften sowie dem Luftfahrt-Bundesamt empfohlen. Für eine Sitzplatzbuchung berechnen die Airlines den regulären Kindertarif.

Wie kann ich einen eigenen Sitzplatz für unser Baby buchen?

Obwohl die meisten Fluggesellschaften ausdrücklich empfehlen, für Babys einen eigenen Sitzplatz zu buchen, machen sie es Eltern nicht leicht: Auf kaum einer Flugbuchungswebseite, weder bei großen Reiseportalen noch direkt auf den Webseiten der Fluggesellschaften, ist es möglich, einen eigenen Sitzplatz für ein Kind unter zwei Jahren direkt selbst zu buchen. Sie müssen im Regelfall die Kundenhotline des Reiseportals oder der Fluggesellschaft anrufen oder den Flug in einem Reisebüro buchen. Das ist umso ärgerlicher, weil für die Nutzung der Kundenhotline in den meisten Fällen eine Extragebühr berechnet wird.

Flugbuchung

●● TIPP

Wenn Sie einen Sitzplatz für Ihr Baby selbst im Internet buchen wollen, müssen Sie ein wenig tricksen: einfach angeben, dass Ihr Kind zwei Jahre oder älter ist und schon funktioniert alles. Ein kleiner Zahlendreher beim Geburtsdatum nach oben, der für die Fluggesellschaft nicht schädlich ist, stellt keinen Grund dar, Ihnen den Flug zu verweigern. Denn exakt so machen es auch die Service-Mitarbeiter, wenn Sie direkt bei der Fluggesellschaft, im Reisebüro oder der Hotline eines Internet-Reiseportals anrufen und buchen.

Beim Buchungsportal *www.expedia.de* (3) können Sie ganz ohne Trickserei für Ihr Baby einen Sitzplatz buchen.

●● ACHTUNG

Wenn Sie bei einer Linienflug- oder Pauschalfluggesellschaft einen Sitzplatz für Ihr Baby buchen, hat Ihr Kind Anspruch auf ein Kindermenü. Für fast Zweijährige, die bereits feste Nahrung zu sich nehmen, ist dies mitunter attraktiv.

Wir möchten nachträglich noch einen Sitzplatz für unser Baby hinzubuchen. Ist das möglich?

Sie können auch zu einem späteren Zeitpunkt noch einen eigenen Sitzplatz für Ihr Kind hinzubuchen. Dann allerdings nur bei Verfügbarkeit und zum tagesaktuellen Flugticketpreis. Dabei ist es wichtig, dass der zusätzliche Sitzplatz auf dieselbe Buchungsnummer gebucht wird.

Es ist nicht möglich, ein einzelnes Flugticket für ein Kleinkind im Internet nachzukaufen. Um einen Sitzplatz für Ihr Baby zu buchen, müssen Sie die Buchungs-Hotline Ihrer Fluggesellschaft

oder des Reiseportals, wo Sie den Flug gebucht haben, anrufen oder Ihr Reisebüro kontaktieren.

Halten die Fluggesellschaften für Babys automatisch einen Sitzplatz frei?

Nein. Babys, für die kein eigener Sitzplatz gebucht wurde, haben keinen Sitzplatzanspruch. Wenn der Flieger ausgebucht ist – und das kommt in Zeiten zusammengestrichener Flugpläne oft vor –, ist ein Ausweichen auf freie Sitzplätze nicht möglich. Wer Gewissheit haben will, dass sein Baby angeschnallt und sicher im Autokindersitz auf einem eigenen Sitzplatz mitfliegt, muss diesen kostenpflichtig buchen.

> **•• TIPP**
>
> Wenn Sie keinen Sitzplatz für Ihr Baby gebucht haben, lohnt es sich, beim Check-in höflich nachzufragen, ob Sie für Ihr Kind einen eigenen Sitzplatz (kostenlos) erhalten können. Ist das Flugzeug nicht ausgebucht, werden die Airline-Mitarbeiter meist versuchen, Ihnen diesen Wunsch zu erfüllen. Bringen Sie am besten eine von der Fluggesellschaft zugelassene Babyschale oder einen entsprechenden Autokindersitz mit. Einen Anspruch auf einen kostenlosen Sitzplatz für Ihr Baby haben Sie jedoch nicht.

SITZPLATZRESERVIERUNG

Ist eine Sitzplatzreservierung kostenpflichtig?

Bei Linienflügen ist eine Sitzplatzreservierung für alle Mitreisenden meist im Preis inbegriffen. Anders sieht es bei Pauschalfliegern und Billigairlines aus. Hier ist oft eine Extragebühr für eine Platzreservierung fällig. Manche Pauschalfluggesellschaften ermöglichen Familien mit Kindern unter zwei Jahren aber eine kostenlose Sitzplatzreservierung.

Flugbuchung

> **•• TIPP**
>
> Egal ob im Preis enthalten oder gegen Zusatzgebühr, Familien sollten unbedingt Sitzplätze im Flugzeug reservieren, damit sie zusammensitzen können. Falls eine kostenlose Sitzplatzreservierung bei Buchung nicht möglich ist, kontaktieren Sie Ihre Fluggesellschaft und fragen Sie nach den Modalitäten.

> **•• ACHTUNG**
>
> Bei vielen Fluggesellschaften ist eine Sitzplatzreservierung nur bis etwa 48 Stunden vor Abflug möglich.

> **•• INFO**
>
> Auch wenn Sie eine Pauschalreise inklusive Flug gebucht haben, können Sie im Flugzeug Sitzplätze für Ihre Familie reservieren. Dafür kontaktieren Sie am besten direkt die ausführende Fluggesellschaft, alternativ den Veranstalter oder das Reisebüro, bei dem Sie den Flug gebucht haben.

Wie können wir einen der beliebten Mutter-Kind-Sitzplätze reservieren?

Eltern-Kind-Sitzplätze (oft auch Mutter-Kind-Sitzplätze genannt) können meist erst nach Abschluss der Buchung per E-Mail, über die Service-Hotline der Fluggesellschaft oder des Veranstalters sowie vom Reisebüro reserviert werden. Sie sind online nicht buchbar.

Diese Plätze mit etwas mehr Beinfreiheit befinden sich in der ersten Reihe der Economy Class, direkt vor der Trennwand. Eine limitierte Anzahl von Babybassinets kann hier aufgehängt werden.

Manche Fluggesellschaften und Reiseveranstalter berechnen für die Reservierung dieser sehr beliebten Plätze eine Gebühr.

Eltern-Kind-Sitzplätze werden für Familien mit mindestens einem Kleinkind unter zwei Jahren freigehalten.

Wie können wir sicherstellen, dass wir als Familie im Flugzeug zusammensitzen?

Generell gilt: Reservieren Sie die Sitzplätze für die gesamte Familie so frühzeitig wie möglich. Dann haben Sie auch die größte Platzauswahl. Am besten erledigen Sie das gleich zusammen mit der Flugbuchung. Wenn das nicht möglich ist, sollten Sie die Reservierungen gleich im Anschluss an die Buchung durchführen. Oft geht das mit der Buchungsnummer auf der Webseite der Fluggesellschaft.

Bei vielen Billigfluggesellschaften gibt es „freie Platzwahl". Das bedeutet, dass alle Passagiere wie in einen Linienbus einsteigen und sich selbst die Sitzplätze suchen. Das kann dazu führen, dass Sie keine zusammenhängenden Sitzplätze mehr finden und auf das Wohlwollen anderer Fluggäste angewiesen sind, die sich bereit erklären, ihren Sitzplatz für Sie oder Ihr Kind zu räumen.

Dieses Problem können Sie bei Billigfluggesellschaften umgehen, indem Sie bevorzugtes Einsteigen (*priority boarding*) und einen Sitzplatz buchen. Die Buchung dieser kostenpflichtigen Zusatzleistungen ist für Familien Pflicht, wenn sie stressfrei mit einem Billigflieger reisen wollen.

Unsere Sitzplätze befinden sich im hinteren Teil des Flugzeugs. Wir würden gerne weiter vorne sitzen. Kann ich die Sitzplätze umbuchen?

In der Buchungsliste der Sitzplatzreservierungen ist Bewegung. Oft werden noch wenige Tage vor Abflug weitere Sitzplatzkontingente im Internet zur Reservierung freigegeben. Es lohnt sich also,

Flugbuchung

sich in regelmäßigen Abständen auf der Webseite der Fluggesellschaft einzuloggen und die Verfügbarkeit freier Sitzplätze erneut zu prüfen. Sie können Ihre Platzreservierungen online meist beliebig oft ändern. Erst wenn Sie das Online-Check-in durchgeführt haben und Ihre Bordkarten in der Hand halten, ist ein Platztausch nicht mehr möglich.

> **•• TIPP**
>
> Mitunter kann Ihnen die Reservierungs-Hotline oder eine E-Mail an den Kundenservice weiterhelfen.

Das Flugzeug ist ausgebucht und ich soll getrennt von meinem Kind sitzen! Was soll ich tun?

Kontaktieren Sie möglichst umgehend den Kundenservice Ihrer Airline, schildern Sie Ihr Problem und äußern Sie Ihre konkreten Reservierungswünsche. Dafür finden Sie auf der Webseite der Fluggesellschaften Kontaktformulare oder Telefonnummern. Warten Sie nach Möglichkeit nicht bis zum Abflugtag.

> **•• TIPP**
>
> Versuchen Sie, das Problem noch vor dem Boarding am Flughafen zu lösen. Verlassen Sie sich nicht auf die Unterstützung der Flugbegleiter oder die Kooperation von Mitreisenden im Flugzeug. Die meisten Fluggäste wollen nicht ihren gebuchten Sitzplatz hergeben. Und Flugbegleiter sind oft mit der Situation überfordert.

Welches sind die besten Sitzplätze für Familien?

Je nachdem, ob Sie mit Babys oder älteren Kindern reisen, gibt es unterschiedliche Möglichkeiten:

- Bei Familien mit Säuglingen sind die Sitzplätze in der Eltern-Kind-Reihe, der Sitzreihe direkt vor einer Trennwand (*bulkhead*), besonders beliebt. Hier gibt es Babybassinets und etwas mehr Beinfreiheit. Nachteil: Während Start und Landung muss der Fußraum frei von Gegenständen sein, das Handgepäck muss daher im Gepäckfach über den Köpfen verstaut werden.
- Mit älteren Kindern sind auf längeren Flügen die normalen Sitzreihen vorzuziehen, da sich die Sitzlehnen in der *bulkhead*-Reihe nicht hochklappen lassen und man somit mit seinem Kind nicht kuscheln kann.
- Wer zu Reiseübelkeit neigt, für den sind Sitzplätze im vorderen Flugzeugteil sowie im mittleren Bereich über den Tragflächen ideal. Hier spüren Sie die Flugbewegungen am wenigsten.
- Babys und Kleinkinder möglichst nicht auf Gangplätze setzen. Sonst laufen Sie Gefahr, dass Ihr Kind öfters von vorbeilaufenden Mitreisenden oder Flugbegleitern angerempelt wird. Überdies müssen Sie jedes Mal, wenn Sie etwas aus dem Gepäckfach benötigen, über Ihr Kind steigen.
- Kinder lieben Fensterplätze. Wenn Sie zu viert reisen, können Sie in zwei hintereinander liegenden Reihen jeweils die Fenster- und Mittelplätze reservieren.
- Wenn Sie mit mehreren Erwachsenen und Kindern reisen: Reservieren Sie die Sitzplätze so, dass immer mindestens ein Erwachsener neben einem Kind sitzt.
- Kinder und Schwangere dürfen nicht auf den Plätzen am Notausgang sitzen.

Flugbuchung

> **ACHTUNG**
>
> Für die Sicherung eines Babys oder Kleinkinds mit einem selbst mitgebrachten Kinderrückhaltesystem auf einem eigenen Sitzplatz gelten besondere Bestimmungen (→ *Auf welchen Sitzen darf ein Autokindersitz im Flugzeug angebracht werden?*, Seite 137).

DEN FAMILIENFLUG BUCHEN

Was müssen wir bei Buchung von Codesharing-Flügen und Pauschalreisen beachten?

Achten Sie bei Buchung eines Fluges online oder im Reisebüro unbedingt darauf, mit welcher Fluggesellschaft Sie letztendlich fliegen werden. Denn es gelten immer die Bestimmungen der ausführenden Fluggesellschaft – und die unterscheiden sich mitunter stark.

Sogenannte *codeshare flights* sind Flüge, die von anderen Partnerfluggesellschaften durchgeführt werden. Sie erkennen diese manchmal an den ersten beiden Buchstaben der Flugnummer oder auch daran, dass die Flugnummer auffällig lang ist (beispielsweise X32128). Hier ist es in vielen Fällen schwierig, die tatsächlich ausführende Fluggesellschaft zu ermitteln.

Bei einer Online-Buchung gibt es oft den Zusatz „durchgeführt von XX Airline". Buchen Sie im Reisebüro, sollten Sie unbedingt nachfragen, welche Fluglinien Ihre Flüge durchführen.

Folgende Dinge können sich von Fluggesellschaft zu Fluggesellschaft maßgeblich unterscheiden und den Familienflug unnötig verkomplizieren (Beispiele):

- **Gepäckregeln:** Freigepäck für Babys und Kleinkinder, Anzahl zulässiger Gepäckstücke und Maximalgewicht der Koffer
- **Nutzung von Kinderrückhaltesystemen:** Manche Fluggesellschaften, insbesondere Billigflieger und Pauschalfluggesellschaften, schließen die Nutzung von Autokindersitzen als Kinderrückhaltesystem in ihren Flugzeugen aus.

- **Kinderessen:** Nicht alle Fluggesellschaften bieten kostenfreie oder kostenpflichtige Kindermenüs.

> ●● TIPP
>
> Achten Sie bei der Flugbuchung darauf, dass alle Flüge – auch Teilstrecken – möglichst von derselben Fluggesellschaft durchgeführt werden. So vermeiden Sie Ärger und Enttäuschungen bezüglich der Gepäckregeln, der Flugsicherheit sowie des Services.
>
> ---
>
> Um sicherzugehen, dass Ihr Kindersitz von allen ausführenden Fluggesellschaften zugelassen ist, müssen Sie mit allen Fluggesellschaften Kontakt aufnehmen. Rufen Sie die Hotlines an und informieren Sie sich auf den Internetseiten der Fluggesellschaften über die Regelungen (→ *Gestatten alle Fluggesellschaften die Nutzung von Autokindersitzen im Flugzeug?*, Seite 135).
>
> ---
>
> Zum Weiterlesen im Internet: *Faktencheck: Pauschalreise mit Kind – die beste Reiseart für Familien? Eine Analyse* (48)

> ●● ACHTUNG
>
> Auch bei Pauschalreisen ist es oft so, dass Hin- und Rückflug von zwei verschiedenen Fluggesellschaften durchgeführt werden, auch wenn die gesamte Reise unter dem Namen eines Veranstalters verkauft wird.

Flugbuchung

So buchen Sie den Familienflug

Für die Buchung eines Fluges müssen Sie folgende Dinge griffbereit haben:
- exakte Anreise- und Abreisedaten
- gültige Reisepässe für jeden Mitreisenden, auch für Babys
- Kreditkarte oder Kontodaten für die Bezahlung
- ggf. Mitgliedskartennummern, um Flugmeilen zu sammeln

Bei Ihrer Flugbuchung sollten Sie folgende Dinge gleich miterledigen:
- Kindermenü bestellen
- Flugmeilen gutschreiben lassen (geht bereits für Kinder ab zwei Jahren)
- Autokindersitz anmelden und bestätigen lassen oder
- Babykörbchen und Sitzplätze in Eltern-Kind-Reihe reservieren
- Reiserücktrittsversicherung abschließen
- wenn möglich, Sitzplätze direkt reservieren (im vorderen oder mittleren Bereich des Flugzeugs)

> **•• INFO**
>
> Wenn Sie Ihren Flug selbst über das Internet buchen, dann müssen Sie für einige der oben genannten Punkte wahrscheinlich Kontakt mit dem Kundenservice aufnehmen. Das geht meist per E-Mail oder Telefon.

> **•• TIPP**
>
> Lassen Sie sich extra gebuchte Sonderleistungen wie Kindermenü, Babykörbchen-Reservierung oder Autokindersitz-Anmeldung per E-Mail bestätigen und nehmen Sie einen Papierausdruck mit an Bord.

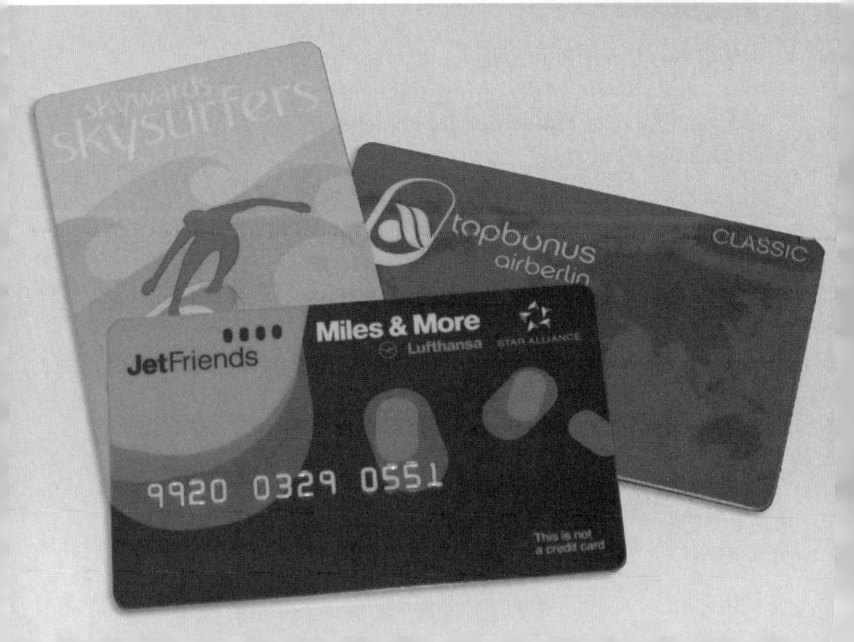

skywards skysurfers

tapbonus airberlin CLASSIC

JetFriends Miles & More Lufthansa STAR ALLIANCE

9920 0329 0551

This is not a credit card

Flugbuchung

VIELFLIEGERPROGRAMME

Ab welchem Alter können Kinder am Vielflieger-Bonusprogramm teilnehmen?

Bei den meisten Fluggesellschaften können Kinder ab einem Alter von zwei Jahren am Bonusprogramm teilnehmen.

Grundsätzlich gibt es nur für bezahlte Flüge mit eigenem Sitzplatz Sammelmeilen. Sämtliche deutschen Linien- und Ferienflieger bieten Meilensammel-Programme für alle Passagiere ab zwei Jahren an. Bei Billigfluggesellschaften wie Ryanair und Easyjet hingegen können keine Meilen gesammelt werden.

Als einzige deutsche Fluggesellschaft offeriert Germanwings Eltern, die für ihr Baby einen eigenen Sitzplatz gebucht und bezahlt haben, ein Meilenkonto für ihr Kind zu eröffnen, auch wenn es noch nicht zwei Jahre alt ist. Dies geschieht allerdings nur auf Anfrage.

> **•• TIPP**
>
> Insbesondere für Vielflieger und Weitreisende lohnt sich die Teilnahme an einem Vielfliegerprogramm: Wenn Sie etwa mit Ihrem Kind nach Neuseeland fliegen und alle Flüge mit Fluggesellschaften einer Flugallianz durchführen, verfügen Sie bereits über genügend Bonusmeilen für einen innereuropäischen Flug. Auch für wenige Meilen gibt es im Meilenshop der Fluggesellschaft oftmals bereits tolle Prämien wie etwa Kinderspielzeug.

Empfehlungen zu Vielfliegerprogrammen

1. Mitgliedschaft frühzeitig beantragen. Die Ausstellung einer Mitgliedskarte kann mehrere Wochen dauern. Manche Airlines stellen vorläufige Mitgliedskarten aus.

2. Bordkarten aufheben und Meilen gutschreiben lassen. Wenn Sie bei Ihrer Flugbuchung noch keine Mitgliedskarte besitzen,

bewahren Sie unbedingt die Bordkarten aller Flüge auf. Sobald Sie Ihre Mitgliedskarten erhalten haben, können Sie Ihre Bordkarten bei der Airline einreichen und sich und Ihrem Kind die Meilen nachträglich gutschreiben lassen.

3. Zahlungskarten. Viele Fluglinien bieten Kreditkarten an, mit denen auch im Alltag pro ausgegebenem Euro kräftig Meilen gesammelt werden können (unter anderem Lufthansa und Airberlin). Kreditkarten gibt es nur für Erwachsene.

4. Eine Mitgliedskarte pro Flugallianz. Sie müssen nicht an jedem Vielfliegerprogramm jeder Fluggesellschaft teilnehmen. Bei Flügen mit internationalen Airlines empfiehlt sich, herauszufinden, zu welcher Flugallianz (Star Alliance, Skyteam oder Oneworld) diese gehört: Fliegen Sie etwa mit Spanair oder Singapore Airlines, so können Ihre Kinder und Sie sich die Meilen auf Ihrem Lufthansa Miles & More-Konto gutschreiben lassen. Gleiches gilt bei Flügen mit Condor oder Germanwings. Sie benötigen also nur eine Mitgliedskarte pro Allianz.

5. Andere Bonusprogramme nutzen. Bei einigen Fluggesellschaften können Sie wahlweise auch Bonuspunkte anderer Meilensammel-Programme sammeln. Fliegen Sie beispielsweise mit Condor, so können Sie zwischen einer Gutschrift von Webmiles, Payback-Punkten oder Miles & More-Meilen wählen.

6. Nachfragen! Bei manchen internationalen Airlines wie British Airways können Kinder und Jugendliche unter 18 Jahren keine Meilen sammeln. Dafür besteht aber die Möglichkeit, diese Meilen auf eine Mitgliedschaft eines mitreisenden Erwachsenen gutschreiben zu lassen. Fragen Sie nach!

NACH DER BUCHUNG – VOR DEM FLUG

Wie kann ich mein Kind auf den Flug vorbereiten?

Sobald Sie die Tickets gebucht haben, sollten Sie beginnen, Ihr Kind auf die Flüge vorzubereiten. Dies ist insbesondere wichtig, wenn Ihr Kind klein und noch nie geflogen ist. So können Sie ihm

Flugbuchung

die Angst vor der unbekannten Situation nehmen und seine Vorfreude steigern:

- Erzählen Sie Ihrem Kind genau, was auf einem Flug alles passiert: am Flughafen, beim Einchecken, bei der Sicherheits- und Passkontrolle, beim Boarding und im Flugzeug. Denn alles, was man kennt, macht weniger Angst.
- Für alle Altersklassen gibt es schöne Bücher zum Fliegen. Schauen Sie sich zusammen kindgerechte Bilderbücher zum Thema an, etwa „Am Flughafen" oder „Im Flugzeug". Eine Auswahl an schönen Kinderbüchern zum Thema Fliegen finden Sie auf *www.kidsaway.de/kinderbuecher-fliegen* (6)
- Im Internet gibt es tolle kostenlose Ausmalbilder zum Thema, die Sie einfach ausdrucken können. Googeln Sie einfach nach „Malvorlage Flughafen" oder „Ausmalbild Flugzeug".
- Wenn Sie in Nähe eines Flughafens wohnen – auch Regionalflughäfen sind sehr interessant –, planen Sie einen Familienausflug dorthin. Meist gibt es eine Besucherterrasse, von der Sie gemeinsam die Flugzeuge beim Starten und Landen beobachten können. Kleine Kinder finden das sehr spannend.
- Kurz vor der Reise: Erklären Sie Ihrem Kind, dass man im Flugzeug lange ruhig auf seinem Platz sitzen muss und nicht aufstehen darf. Und dass ein langer Flug hin und wieder sehr langweilig sein kann. Wenn das Anschnallzeichen leuchtet, ist zudem ein Toilettengang nicht mehr möglich. Bei Start und Landung können die Ohren wehtun. Schildern Sie Ihrem Kind, was man dagegen tun kann und was Sie tun werden.
- Erzählen Sie Ihrem Kind von dem Reiseziel und was Sie dort Schönes erwartet – damit Ihr Kind weiß, warum es die Strapazen auf sich nehmen soll. Und schließlich sind Sie auch noch da – wenn es ganz langweilig wird, können Sie Ihrem Kind helfen, mit der Situation klarzukommen.
- Größere Kinder sollten Sie in die Vorbereitungen mit einbeziehen: Sie dürfen (natürlich unter Ihrer Aufsicht und eventuellem korrektiven Eingriff) aussuchen, welches Spielzeug mit an Bord soll und selbst ihren kleinen Handgepäck-Rucksack packen.

Checkliste:
Was Sie vor Ihrem Abflug erledigen müssen

Nach der Flugbuchung sollten Sie folgende Dinge erledigen:

- [ ] **Sonderwünsche:** Falls nicht direkt bei der Buchung geschehen, kontaktieren Sie Ihre Fluggesellschaft über die Hotline oder per E-Mail und reservieren oder bestellen Sie folgende Dinge: Sitzplätze für die gesamte Familie (wenn gewünscht in der Eltern-Kind-Reihe), Babybassinet und Kindermenü.
- [ ] **Vorbereitung:** Besorgen Sie für Ihre Kinder altersgerechte Lektüre zum Thema Flughafen, Sicherheitskontrolle und Fliegen, um sie auf die ungewohnte Situation am Flughafen und im Flugzeug vorzubereiten (→ Seite 56).
- [ ] **Kinderarztbesuch:** Alle U-Untersuchungen und Impfungen sollten auf dem aktuellsten Stand sein.
- [ ] **Reisevollmacht:** Wenn Sie allein mit Ihrem Baby oder Kind fliegen, sollten Sie eine Reisevollmacht des anderen (sorgeberechtigten) Elternteils für Ihr Kind mitführen (→ *Muster: Reisevollmacht inkl. Personensorge*, Seite 229).
- [ ] **Autokindersitz:** Suchen Sie alle notwendigen Unterlagen zusammen (Ausdrucke der Webseite der Fluggesellschaft als Beweis für die erlaubte Nutzung des Kindersitzes im Flugzeug, extra Kindersitzzubehör für das Flugzeug). Wenn Sie es noch nicht getan haben – überprüfen Sie, ob Ihr Autokindersitz für alle Flugstrecken, auch Teilstrecken, von Ihrer Fluggesellschaft akzeptiert wird.
- [ ] **Gültige Reisedokumente:** Alle Mitreisenden, auch Neugeborene, brauchen ein gültiges Reisedokument, um zu fliegen, auch für innerdeutsche Flüge. Die Geburtsurkunde allein reicht nicht aus. Legen Sie diese wichtigen Dokumente an einen sicheren Platz (wo Ihre Kinder nicht rankommen!), an dem Sie sie wiederfinden. Wenn notwendig, verlängern, aktualisieren oder beantragen Sie rechtzeitig Ihre Reisedokumente neu (→ *Bonuskapitel: Kinderreisepass beantragen* ab Seite 196).

Flugbuchung

Achtung: Vor den Sommerferien kann die Neuausstellung eines Reisepasses schon einmal vier Wochen dauern.

- **Pass- und Visadatenkarte:** Bei Flügen außerhalb des Schengener Raumes müssen Sie für jeden Mitreisenden (auch für mitreisende Kinder) Aus- und Einreisekarten ausfüllen. Hierfür sind diverse Angaben aus Ihren Pässen und Visa notwendig. Um unnötiges Kramen und Suchen im Handgepäck zu vermeiden, sollten Sie vor der Abreise alle wichtigen Angaben (Passnummern, Ausstellungsorte und -daten, Gültigkeitsdaten, Visa- und Flugnummern) auf einen kleinen, stabilen Zettel (zum Beispiel die Rückseite einer Visitenkarte) schreiben und in Ihrem Portemonnaie deponieren.
- **Sitzplätze reservieren:** über das Internet oder die Hotline für die gesamte Familie zusammenhängende Sitzplätze reservieren
- **Flughafenanreise klären:** Können Freunde oder Familie Sie zum Flughafen oder Bahnhof bringen? Wenn Sie mit dem Zug zum Flughafen fahren (eigene Kinder unter 15 Jahren fahren kostenlos mit), können Sie versuchen, die begehrten Sitzplätze im Kleinkindabteil zu ergattern. Auch hier gilt: Je früher Sie die Sitzplatzreservierungen für die Zugfahrt vornehmen, desto höher ist die Chance auf Erfolg (→ *Wie kommen wir mit Kind und Kegel zum Flughafen?*, Seite 64).
- **Parken am Flughafen:** Informieren Sie sich auf der Webseite Ihres Abflughafens über die Parkmöglichkeiten vor Ort (→ *Wo können wir das Auto parken?*, Seite 65). Oft ist ein frühzeitiges Buchen eines Flughafenparkplatzes etwas günstiger.
- **Vielfliegerprogramm anmelden:** Kinder ab zwei Jahren können an den Vielfliegerprogrammen der meisten Fluggesellschaften teilnehmen, auf jedem Flug Meilen sammeln und diese dann zum Beispiel gegen Spielzeug eintauschen (→ *Vielfliegerprogramme* ab Seite 55). Informationen zu den kostenlosen Programmen finden Sie auf den Webseiten der Fluggesellschaften.

24 Stunden vor Abflug

- ☐ **Flug bestätigen:** Bei manchen Fluggesellschaften müssen Sie Ihren Flug kurz vor Abreise bestätigen. Insbesondere bei Pauschalflügen kommt es öfters vor, dass sich die Abflugzeit ändert.
- ☐ **Online einchecken:** Mit Ihrer Buchungsnummer können (oder müssen) Sie bei vielen Fluggesellschaften online einchecken. Auch wenn Sie aufgrund Ihrer speziellen Reiseanforderungen mitunter nicht darum herumkommen, am Flughafen zusätzlich am Check-in-Schalter einzuchecken, können Sie online die von Ihnen gebuchten Sonderwünsche wie Kindermenüs und Sitzplatzreservierungen einsehen und überprüfen. Genaueres erfahren Sie im Kapitel → *Online-Check-in* ab Seite 91.
- ☐ **Taxi oder Flughafenshuttle reservieren:** Wenn Sie mit einem Taxi oder Flughafenshuttle zum Flughafen fahren wollen, müssen Sie es rechtzeitig reservieren.
- ☐ **Flughafenparkplatz buchen:** Spätestens jetzt sollten Sie einen Parkplatz am Flughafen organisiert haben.
- ☐ **Pässe und Reisedokumente:** Packen Sie alle wichtigen Reisedokumente wie Reisepässe, Flugtickets, Visa, Reisevollmachten, Reservierungsbestätigungen, Mietwagen-Voucher, Hoteladresse und Ihren Reiseplan griffig in eine Tasche. Überprüfen Sie die Unterlagen ein letztes Mal auf Vollständigkeit.
- ☐ **Wickeltasche packen:** Falls Sie die Wickeltasche Ihres Babys als Handgepäckstück mit ins Flugzeug nehmen, sollten Sie sie leeren und komplett neu für den Flug packen. Was alles für Ihr Baby ins Handgepäck gehört, finden Sie hier: → *Checkliste: Was gehört ins Handgepäck?*, Seite 108
- ☐ **Plastikbeutel:** Packen Sie alle Flüssigkeiten, die Sie im Handgepäck mitführen wollen, in einen Plastikbeutel mit wiederverschließbarem Ziplock-Verschluss.

Flugbuchung

Der von uns gebuchte Flug wurde storniert und wir sollen nun zu einem anderen Abflughafen fahren und einen höheren Preis bezahlen. Ist das zulässig?

Es kommt immer wieder vor, dass Veranstalter von Pauschalreisen oder auch Fluggesellschaften einzelne Flüge streichen. Das ist für Familien mit Kindern besonders ärgerlich, haben sie sich doch oft bewusst für einen bestimmten Flughafen oder eine Flugzeit entschieden. Sollte Ihnen das passieren, gibt es folgende Möglichkeiten:

- Bei Umbuchung oder Stornierung haben Sie das Recht, von der Reise zurückzutreten. Dann erhalten Sie Ihr Geld zurück.
- Alternativ können Sie vom Veranstalter eine gleichwertige Reise fordern.
- Wenn Sie nun einen höheren Reisebetrag für einen anderen Abflughafen zahlen sollen, weigern Sie sich und suchen Sie sich rechtlichen Beistand.

●● INFO

Viele Reiseveranstalter behalten sich die Möglichkeit vor, die Flugzeiten oder die durchführende Fluggesellschaft jederzeit zu ändern. Solange dies im „zumutbaren Rahmen" passiert, ist die Vorgehensweise rechtens. Studieren Sie deshalb unbedingt die Reise-AGB, bevor Sie eine Pauschalreise buchen.

●● TIPP

Wenn Sie mit Autokindersitz oder viel Gepäck fliegen oder mit Ihrem Baby garantiert zu einer bestimmten Tageszeit fliegen wollen, sollten Sie eventuell besser einen Linienflug buchen.

Am Flughafen

AN- UND ABREISE

Wann müssen wir am Flughafen sein?

Das hängt davon ab, was Sie noch alles am Flughafen erledigen wollen und müssen (→ *Für welche Dinge müssen wir am Flughafen extra Zeit einplanen?*, gegenüberliegende Seite). Wenn Sie noch einchecken und Ihr Gepäck aufgeben müssen, sollten Sie mindestens zwei bis drei Stunden vor Abflug am Flughafen sein. Aufgrund erhöhter Sicherheitsbestimmungen benötigen Sie bei Flügen in die USA oder nach Israel sogar drei bis vier Stunden – ohne Kinder, wohlgemerkt.

Grundsätzlich gilt: Wer mit Kindern reist, sollte viel Zeit einplanen und nicht auf die letzte Minute anreisen.

> **●● ACHTUNG**
>
> Wenn Sie noch keine Platzreservierungen haben, sollten Sie sehr frühzeitig – am besten eine halbe Stunde, bevor der Schalter öffnet – am Flughafen sein.

> **●● TIPP**
>
> Erkundigen Sie sich vorab im Internet oder per Telefon, wann der Check-in-Schalter öffnet. So vermeiden Sie unnötige Wartezeiten.

> **●● INFO**
>
> Beim Check-in von Pauschalflügen sind die Warteschlangen meist sehr lang.

Am Flughafen

Für welche Dinge müssen wir am Flughafen extra Zeit einplanen?

Viele typische Zeitfresser können Sie durch gute Planung vermeiden oder zumindest abmildern:

- **Auto parken:** Je nach Entfernung des Parkplatzes benötigen Sie für das Parken Ihres Autos 20 Minuten oder mehr. Am besten den Parkplatz schon vor der Anreise online reservieren. Dann wissen Sie genau, wohin Sie fahren müssen und sparen viel Zeit (→ Seite 65).
- **Check-in:** Die Wartezeit am Check-in-Schalter ist abhängig von der Anzahl der Menschen, die schon vor Ihnen in der Warteschlange stehen. Meist sind die Wartezeiten sehr früh (also direkt nach Öffnung des Check-in-Schalters) und sehr spät (kurz vor Schalterschließung, aber keine Option mit Kindern) kurz.
- **Lange Fußwege im Flughafen:** Insbesondere auf großen Flughäfen wie Frankfurt/Main können die Wege sehr lang sein. Planen Sie dafür genügend Zeit ein. Vielleicht müssen Sie ungeplant noch zur Apotheke in Terminal B und dann laufen Sie mal eben 15 Minuten pro Strecke. Bewährt haben sich Babytragen und Buggys für kleine Kinder. Buggys können Sie bei den meisten Fluglinien bis zum Gate mitnehmen.
- **Sicherheitskontrolle:** Aufgrund der verschärften Sicherheitsbestimmungen gibt es hier oft längere Wartezeiten. Zu Stoßzeiten stehen hier häufig lange Schlangen. Oft werden Familien bei der Sicherheitskontrolle an den Warteschlangen vorbeigeschleust, insbesondere wenn sie einen Buggy dabeihaben. Freuen Sie sich, wenn das passiert, rechnen Sie aber nicht damit.
- **Passkontrolle:** Auch hier gibt es manchmal längere Schlangen. Da ist Geduld gefragt.

Wie kommen wir mit Kind und Kegel zum Flughafen?

Je nachdem, wo Sie wohnen, haben Sie verschiedene Möglichkeiten:

- **Zug:** Wenn Sie ohne Umsteigen direkt bis zum Flughafen fahren können, ist der Zug für Sie die beste Wahl. Oft können Sie bei der Flugbuchung ein günstiges Rail & Fly-Ticket für die Flughafenanreise miterwerben. Bei vielen Pauschalreisen sowie bei manchen Überseeflügen ist die Bahnreise im Preis inbegriffen. Kinder bis zu 14 Jahren fahren kostenlos mit. Reservieren Sie frühzeitig für alle – auch für Ihr Baby – Sitzplätze. Besonders beliebt ist bei Familien das Kleinkindabteil.
- **Öffentliche Verkehrsmittel:** Wenn Sie in derselben Stadt wohnen, können Sie mit Bus und Bahn zum Flughafen fahren.
- **Taxi:** Bestellen Sie das Taxi bereits am Vortag, am besten mit altersgerechtem Autokindersitz. Achtung: Die meisten Taxiunternehmen halten lediglich Sitzerhöhungen vor. Wer eine Babyschale benötigt, sollte dies frühzeitig anmelden und sich bestätigen lassen!
- **Flughafen-Transfer:** Viele Taxiunternehmen bieten einen Flughafen-Transfer und -Shuttleservice zum Pauschalpreis an, auch zu Flughäfen, die Hunderte von Kilometern entfernt liegen. Sie werden vor Ihrer Haustür abgeholt und direkt am Abflugterminal abgesetzt. Suchen Sie einen Anbieter, der für Ihr Kind einen altersgerechten Autokindersitz zur Verfügung stellt. Wenn dies nicht möglich ist (und Sie Ihren Kindersitz auf der Reise nicht brauchen), fragen Sie, ob Sie Ihren Kindersitz mitbringen dürfen und der Shuttleservice-Anbieter ihn während Ihrer Abwesenheit einlagert. Für Ihre Rückreise haben Sie dann das Autokindersitzproblem bereits gelöst.
- **Eigenanreise mit dem Auto:** Wenn der Flughafen mit öffentlichen Verkehrsmitteln oder der Bahn nicht gut erreichbar ist oder die Abflugzeiten sehr ungünstig sind, bleibt Ihnen nur noch die individuelle Anreise mit dem Auto. Informieren Sie

Am Flughafen

sich rechtzeitig im Internet über die Parkoptionen am Flughafen. Oder bitten Sie ein Familienmitglied oder einen Freund, Ihre Familie zum Flughafen zu bringen.

> **●● ACHTUNG**
>
> Egal ob Bahn, Bus oder Pkw – es kann immer zu ungeplanten Zugausfällen, Umleitungen und Verkehrsstaus kommen. Planen Sie unbedingt einen großzügigen Zeitpuffer für die Flughafenanreise ein.

> **●● TIPP**
>
> Jedes Jahr werden in der Ferienzeit Autos von der Straße gestohlen. Wenn Sie Ihr Auto zu Hause lassen, sollten Sie es vorsorglich in die Garage fahren oder an einem sicheren Platz abstellen.

Wo können wir das Auto parken?

So können Sie Ihr Familienauto am Flughafen abstellen:
- **Direkt am Terminal im Flughafen-Parkhaus:** Dies ist mit Abstand die teuerste Variante. Dafür können Sie bequem Ihre Koffer auf einen bereitstehenden Kofferwagen laden und direkt zu Fuß zum Terminal gehen. Ihr Auto steht in einem überdachten Parkhaus.
- **Parkplatz mit kostenlosem Shuttleservice:** Sie fahren direkt zum Parkplatz, der sich in Flughafennähe, aber oft außerhalb des Flughafengeländes befindet. Ihr Gepäck laden Sie in einen kostenlosen Shuttlebus um, der Sie direkt zu Ihrem Abflugterminal bringt. Bei Ihrer Rückkehr rufen Sie den Parkplatzbetreiber an oder warten an einer entsprechend gekennzeichneten Haltestelle auf den Shuttlebus zurück zum Auto. Sie entscheiden, ob Sie Ihr Auto auf einem eingezäunten Gelände abstellen oder für einen beheizten, überdachten und rund um

die Uhr bewachten Stellplatz eine höhere Gebühr zahlen. Manche Parkplatzbetreiber bieten darüber hinausgehende, gebührenpflichtige Serviceleistungen an wie beispielsweise Tankservice, Autowäsche oder kleine Reparaturen. Ein Parkplatz mit Shuttleservice zum Terminal ist normalerweise wesentlich preiswerter als ein Stellplatz direkt im Flughafen-Parkhaus.

- **Kombination Hotel + Parken + Shuttlebus:** Diese Option, die von manchen flughafennahen Hotels angeboten wird, ist für Familien sehr interessant, vor allem wenn der Abflug in den frühen Morgenstunden oder die Ankunft am späten Abend erfolgen. Auch ein bequemes Vorabend-Check-in ist mitunter möglich. Mindestens eine Hotelübernachtung – entweder beim Abflug oder bei der Ankunft – ist im Paketpreis inklusive. Dafür dürfen Sie Ihr Auto auf dem Hotelparkplatz oder in der Hotelgarage für den gesamten Zeitraum Ihres Urlaubs – oft bis zu drei Wochen – abstellen. Der hoteleigene Shuttlebus bringt Sie zum Terminal und holt Sie dort bei der Ankunft wieder ab.

•• INFO

An manchen Regionalflughäfen, beispielsweise in Kassel oder Paderborn, ist das Parken auf einem unbewachten Parkplatz kostenlos möglich.

•• TIPP

Im Internet gibt es diverse Buchungsportale für Flughafenparkplätze deutschlandweit. Wer dort frühzeitig online einen Parkplatz bucht, kann oftmals viel Geld sparen.

Am Flughafen

> **●● TIPP**
>
> Eine bequeme Variante für Familien mit viel Gepäck ist das **Valet-Parking:** Direkt an der Bordsteinkante des Terminals übergeben Sie Ihr Auto an einen Mitarbeiter der Parkplatzgesellschaft. Bei Ihrer Rückkehr rufen Sie den Parkservice an und erhalten etwa eine halbe Stunde später Ihr Auto direkt am Terminal wieder zurück.

GEPÄCK

Bis wann müssen wir unser Gepäck aufgeben?

An den meisten Flughäfen müssen Sie bis etwa eine Stunde vor Abflug Ihr gesamtes Gepäck aufgegeben haben. An kleinen Flughäfen geht es oft auch noch später.

Wenn Sie Sperrgepäck aufgeben müssen wie zum Beispiel große, nicht zusammenklappbare Kinderwagen oder Reisebettchen, sollten Sie hierfür etwa fünfzehn Minuten extra einplanen.

Sind Sie bereits im Besitz Ihrer Bordkarten, können Sie direkt zum Gepäckabgabeschalter (*baggage drop-off*) gehen. Die Wartezeiten sind dort meist wesentlich kürzer als am regulären Check-in-Schalter.

Können wir unser Gepäck bereits einige Stunden vor Abflug am Flughafen aufgeben?

Das kommt darauf an. Auf den Heimatflughäfen der Fluggesellschaften (in Frankfurt/Main also für Lufthansa und Condor) ist eine frühzeitige Aufgabe des Gepäcks im Allgemeinen möglich. Für alle anderen Fluglinien gilt: Etwa drei Stunden vor Abflug öffnen die meisten Check-in-Schalter. Und bis dahin müssen Sie warten, Ihr Gepäck mit sich herumschleppen und gut darauf aufpassen.

> **•• INFO**
>
> An Flughäfen gibt es keine Schließfächer. Oft haben Sie aber die Möglichkeit, Ihr Gepäck in einer Gepäckaufbewahrung unterzustellen. Aufgrund von Sicherheitsbestimmungen muss Ihr Gepäck dort vor Annahme einmal durchleuchtet werden.

> **•• TIPP**
>
> Informieren Sie sich vor der Anreise zum Flughafen, wann die Check-in-Schalter öffnen. Diese Auskunft erhalten Sie direkt bei der Service-Hotline der Fluggesellschaft.

Wie befördern wir Baby, Autokindersitz und Handgepäck zum Gate?

Wenn beide Elternteile mitreisen, können Sie das Handgepäck inklusive Autokindersitz oder die Babyschale auf mehrere Schultern verteilen. Wenn Sie allein mit Ihrem Kind reisen, ist es schon etwas schwieriger, aber mit guter Planung durchaus durchführbar.

- **Rucksackmethode:** Größere Modelle können Sie sich wie einen Rucksack auf den Rücken schnallen. Dafür machen Sie einfach die Kindersitzgurte so lang wie möglich und benutzen sie wie Schultergurte. Alternativ können Sie auch eine speziell für Autokindersitze angefertigte *Kindersitz-Reisetasche* (47) mit Schultergurten, die zusätzlich als Schutztasche fungiert, im Fachhandel oder im Internet erwerben.
- **Kofferwagen:** Auf vielen Flughäfen dürfen Sie einen Kofferwagen zumindest bis zur Sicherheitskontrolle mitnehmen, bei einigen wenigen Flughäfen stehen hinter der Sicherheitskontrolle neue Kofferwagen für den Gebrauch bereit. Stellen Sie den Kindersitz auf den Wagen – dann kann auf dem Kindersitz sogar noch ein Kind Platz nehmen. Aber Achtung: Aus

Am Flughafen

Haftungsgründen kann es sein, dass man Sie auffordert, Ihr Kind vom Gepäckwagen zu nehmen.

- **Kinderwagen/Buggy:** Eigentlich das wichtigste Transportmittel vor und nach dem Flug; Sie sollten unbedingt einen Buggy mit zum Flughafen nehmen, auch wenn Sie Ihr Baby vorwiegend in einer Babytrage transportieren. Ein Buggy liefert in der Funktion eines Gepäckwagens unermessliche Dienste: Sie dürfen den Buggy auch hinter der Sicherheitskontrolle noch für den Gepäcktransport bis zum Gate nutzen. Sie können abwechselnd Ihr Kind, Ihr Handgepäck und auch den Autokindersitz mit dem Buggy befördern. Wenn Ihr Kindersitz lange Gurte hat, können Sie ihn vielleicht sogar vorsichtig über die Griffe Ihres Buggys hängen, wenn Ihr Kind im Buggy sitzt. Achtung: Bei dieser Variante müssen Sie, bevor Ihr Kind aussteigt, immer zuerst wegen des Ungleichgewichts den Autokindersitz abnehmen, sonst kippt der Buggy um! Also: Buggy oder Kinderwagen nicht als Sondergepäck aufgeben, sondern bis zum Gate mitnehmen.
- **Rollvariante:** Einige amerikanische Hersteller bieten spezielle, mit Rädern ausgestattete Autokindersitz-Reisetaschen an, die wie ein kleiner Rollkoffer gezogen werden können. In den USA werden auch Halteriemen verkauft, mit denen ein US-Kindersitz mit wenigen Handgriffen an einem Rollkoffer fixiert werden kann. Der Rollkoffer wird somit zum rollenden Autokindersitz umfunktioniert, in dem das Kind angeschnallt durch den Flughafen geschoben werden kann. Wer praktisch veranlagt ist, kann sich einen solchen Halteriemen eventuell selbst basteln.

Wir reisen mit viel Gepäck. Kann uns jemand am Flughafen behilflich sein?

Erkundigen Sie sich auf der Webseite des Flughafens nach einem „Porterservice". Der Gepäckträgerservice wird oft von externen

Dienstleistern angeboten und ist kostenpflichtig. Ein Porter kann Ihnen mit Ihrem Gepäck im öffentlichen Bereich des Flughafens behilflich sein und Ihnen die Koffer zum Check-in tragen. Ab der Sicherheitskontrolle sind Sie aber wieder auf sich allein gestellt.

Der Porterservice sollte am besten im Voraus gebucht werden. An manchen Flughäfen können Sie per Telefon noch spontan einen Gepäckträger bestellen, Verfügbarkeit vorausgesetzt.

Darüber hinaus gibt es auf allen Flughäfen Gepäckwagen. Manchmal ist die Benutzung kostenlos, häufig wird eine kleine Gebühr verlangt und mitunter gibt es ein Pfandsystem und Sie bekommen Ihr Geld bei der Abgabe des Gepäckwagens wieder zurückerstattet. Bezahlt wird normalerweise mit Bargeld oder Kreditkarte, an manchen Orten wird auch die deutsche Maestrokarte akzeptiert.

> •• **TIPP**
>
> Halten Sie für die Gepäckwagenausleihe etwas Kleingeld in der Landeswährung bereit.
>
> Benutzen Sie eine Babytrage für Ihr Kind, auch wenn Sie mit Buggy reisen. Dann haben Sie beide Hände für Ihr Gepäck frei und können den Buggy für den Transport eines Gepäckstücks bis zum Check-in nutzen.

SICHERHEIT

Ich habe Angst, dass wir uns auf dem Flughafen verlieren. Wie können wir das verhindern?

Wie an jedem anderen öffentlichen Platz, wo sich viele Menschen aufhalten, besteht am Flughafen das Risiko, dass Sie sich aus den Augen verlieren. Gerade unerschrockene und neugierige Kleinkinder, die gerne allein auf Wanderschaft gehen, müssen auf dem Flughafen unter strenger Aufsicht stehen.

Am Flughafen

Die wichtigste Regel lautet: Lassen Sie keinen Augenblick, wirklich keinen, Ihr Kind aus den Augen. Vermitteln Sie Ihren älteren Kindern bereits vor der Reise, dass auf dem Flughafen Sonderregeln gelten und sie auf Armlängen-Reichweite bei Ihnen bleiben müssen.

Stecken Sie Ihrem Kleinkind einen Zettel mit folgenden Informationen in die Tasche oder befestigen Sie ihn an der Innenseite seiner Jacke:

- Name des Kindes
- Namen der Eltern
- Mobiltelefonnummer(n) der Eltern, inklusive der internationalen Vorwahl auf ausländischen Flughäfen
- Informationen zum Flug (Reiseziel, Flugnummer, Flugdatum und -zeit, am besten auch noch Abfluggate)
- Heimatadresse
- Notfallkontaktnummern

Ältere Kinder sollten auf Nachfrage den eigenen Namen und die Namen der Eltern sowie deren Mobiltelefonnummern auswendig aufsagen können (das können auch schon Dreijährige lernen).

●● TIPP

Es gibt niedliche *Tierrucksäcke für Kleinkinder* (7), die mit einer Leine versehen sind. Ähnlich wie mit einer Hundeleine können Sie so Ihr Kind spielerisch für ein paar Minuten „anbinden", wenn Sie sich auf andere Dinge, wie beispielsweise einchecken oder die Koffer vom Kofferband heben, konzentrieren müssen.

●● ACHTUNG

Stellen Sie sicher, dass Sie im Notfall erreichbar sind und Ihr Mobiltelefon im Flughafen eingeschaltet ist.

Am Flughafen

Was sollen wir machen, wenn unser Kind auf dem Flughafen verloren gegangen ist?

Das Allerwichtigste ist: Ruhe bewahren. In den meisten Fällen lösen sich solche Situationen binnen Minuten auf, weil das Kind zu schnell um eine Ecke gelaufen ist oder sich hinter einer Säule versteckt. Kritisch werden solche Fälle nur deshalb, weil Eltern (und Kind) panisch losrennen und die Entfernung voneinander auf diese Weise noch vergrößern.

Um stundenlange, hektische Suchaktionen zu vermeiden, können Sie richtiges Verhalten im Verlaufens-Fall mit Ihrem Kind besprechen und mit kleineren Kindern spielerisch einüben:

- Wenn die Eltern weg sind, sofort stehenbleiben, einmal ringsum drehen und genau umschauen. Tauchen die Eltern nicht wieder auf, wenn man bis Zehn gezählt hat, wird laut gerufen: entweder die Vornamen der Eltern oder auch „Ich habe meine Eltern verloren!"
- Nicht weinen und warten, sondern Fremde ansprechen: „Ich habe meine Eltern verloren, können Sie mir helfen?"
- Ältere Kinder sollten wissen, dass sie in Deutschland von jedem öffentlichen Telefon und von jedem Handy aus kostenlos die 110 wählen können. In allen EU-Staaten gilt die 112, in der Schweiz die 117.

Was für die Kinder gilt, trifft natürlich auch auf Eltern zu: immer zunächst stehen bleiben, gründlich umschauen und laut nach dem Kind rufen! Bewegen Sie sich suchend in größer werdenden Kreisen um den Ausgangsort und behalten Sie diesen im Auge, falls Sie Ihr Kind dort sucht. Bevor Sie panisch auseinanderrennen, vereinbaren Sie einen Treffpunkt, wo Sie sich in fünf Minuten wieder einfinden.

Empfehlungen für mehr Sicherheit auf dem Flughafen

- **Vorbereitung:** Treffen Sie noch vor der Reise genaue Absprachen über die richtige Verhaltensweise am Flughafen. Vereinbaren Sie mit Ihrem Kind, wie es sich verhalten soll, wenn es Sie nicht mehr sieht. Mit älteren Kindern können Sie am Flughafen gemeinsam festlegen, wo Sie sich wiedertreffen (zum Beispiel am Gate, an der Sicherheitskontrolle, am Indoor-Spielplatz), falls Sie sich verlieren.
- **Hand, Babytrage oder Buggy:** Für die hektischen Momente und das Zurücklegen von weiten Wegen setzen Sie Ihr Kind am besten in eine Babytrage oder einen Buggy. Vergessen Sie nicht, Ihr Kind im Buggy anzuschnallen, damit es nicht eigenmächtig aussteigt. Größere Kinder laufen an der Hand mit.
- **Nähe:** Am Flughafen müssen auch ältere Kinder auf Armlängen-Reichweite bei den Eltern bleiben.
- **Notfallinformationen:** Zettel oder Visitenkarte in die Hosentasche des Kindes stecken. Aufwendiger geht es mit schicken Taschenanhängern oder mit personalisierten *badges*, die Sie in die Jacke Ihres Kindes einnähen oder aufbügeln können. In der Apotheke erhalten Sie Papierarmbänder, auf denen Sie alle Kontaktdaten vermerken können. Edel sind schicke SOS-Notfallkettenanhänger.
- **Kleidung:** Kind auffällig oder mit leuchtenden Farben kleiden, damit Sie es schnell in der Menschenmasse entdecken können.
- **Foto:** Machen Sie noch zu Hause mit Ihrem Smartphone ein Foto von Ihrem fertig eingekleideten Kind. Dann wissen Sie auch in panischen Momenten, wie Ihr Kind am Flugtag gekleidet ist und führen ein topaktuelles Foto mit sich.

Am Flughafen

STILLEN, WICKELN, SCHIEBEN

Wo kann ich mein Baby am Flughafen wickeln?

Auf den meisten Flughäfen werden Sie saubere Unisex-Wickelräume finden.

Größere Flughäfen bieten häufig gut ausgestattete *family bathrooms*. Neben dem Wickeltisch finden Sie hier oft eine separate Toilettenkabine, eine Kindertoilette, eine Extrakabine mit Sichtschutz und komfortabler Sitzgelegenheit zum Stillen oder ein paar bequeme Sessel, um kurz eine Pause in einer geschützten Umgebung einzulegen. Manchmal gibt es sogar einen kleinen Spielbereich mit Sicherheitsgitter, um dort größere Geschwister kurz zwischenzuparken, wenn gewickelt werden muss.

> **•• TIPP**
>
> Der Weg zum nächsten Wickelraum kann weit sein. Viele Flughäfen bieten auf ihren Webseiten kostenlose Lagepläne zum Herunterladen an. Mithilfe eines Flughafenplans ist das Auffinden eines Wickel- oder Stillraumes vor Ort ein Kinderspiel. Oder fragen Sie einen Service-Mitarbeiter an der Information.

Kann ich auf dem Flughafen noch Windeln kaufen?

Verlassen Sie sich nicht darauf! An großen Flughäfen gibt es zwar meist eine Apotheke oder eine Drogerie. Hier können Sie im Notfall noch vergessene Babypflegeartikel wie Windeln oder Feuchttücher erstehen, allerdings zum teuren Flughafenpreis. Und wenn Sie Pech haben, gibt es nur Windel-Großpackungen, die Sie dann zusätzlich im Handgepäck oder Freigepäck verstauen müssen. Oder die passende Windelgröße ist gerade ausverkauft.

Am Flughafen

In manchen Wickelräumen hängen Windel-Verkaufsautomaten, wo Sie für etwa einen Euro eine einzelne Windel kaufen können. Aber auch hier gilt: Die Automaten sind häufig schlichtweg leergekauft.

> **●● ACHTUNG**
>
> Wenn es sich nicht vermeiden lässt, Babypflegeartikel am Flughafen kaufen zu müssen, dann planen Sie dafür entsprechend viel Zeit ein. Der Drogeriemarkt könnte in einem anderen Terminal liegen, der Windelautomat im nächst gelegenen Wickelraum ist leer und Sie müssen möglicherweise lange Wege bewältigen, bis Sie (hoffentlich) erfolgreich sind.

> **●● TIPP**
>
> Im Notfall bitten Sie andere Eltern um eine Windelspende.
>
> Wenn Ihr Baby dazu neigt, während des Stillens an der Brust einzuschlummern, versuchen Sie, Ihr Baby hinzuhalten und erst an Bord des Flugzeuges zu stillen. Sonst müssen Sie Ihr schlafendes Baby wahrscheinlich zum Boarding unsanft aufwecken.

Wo kann ich am Flughafen mein Baby stillen?

In den meisten Wickelräumen am Flughafen finden Sie einen bequemen Sessel zum Stillen. In großen, gemeinschaftlichen Unisex-Wickelräumen gibt es oftmals private Stillkabinen mit Sichtschutz. Größere Geschwisterkinder können Sie hier häufig in einen Laufstall setzen, während Sie Ihr Baby stillen.

Auf manchen Flughäfen gibt es spezielle Stillräume (*breastfeeding rooms*) exklusiv für stillende Mütter.

> **•• TIPP**
>
> Wenn Sie keinen offiziellen Wickel- oder Stillraum finden können, suchen Sie sich eine ruhige, uneinsehbare Ecke auf dem Flughafen, zum Beispiel ein momentan ungenutztes Gate. In muslimischen Ländern und in Ländern, wo Stillen in der Öffentlichkeit nicht gern gesehen wird (beispielsweise in den USA), sollten Sie sich und Ihr Baby beim Stillen zusätzlich mit einem dünnen Schal oder einem Tuch bedecken. Respektieren Sie die kulturellen Unterschiede und passen Sie sich an.

Können wir auf dem Flughafen einen Buggy ausleihen?

Manche Fluggesellschaften stellen an ihrem Heimatflughafen für ihre Fluggäste im Terminal oder im Transitbereich kostenlose Buggys zur Verfügung: In Nürnberg gibt es für Airberlin-Fluggäste kostenlose Buggys, in Dubai warten für Emirates-Passagiere Kinderkarren zur unentgeltlichen Ausleihe und in Singapur gibt es im Terminal von Singapore Airlines kleine Kofferwagen mit aufmontierten Babyschalen.

Aber auch Flughafenbetreiber bieten an manchen Orten einen Ausleihservice, teils kostenlos, teils kostenpflichtig.

> **•• TIPP**
>
> Informieren Sie sich auf den Webseiten der Flughäfen und Fluggesellschaften über die entsprechenden Angebote vor Ort.

Am Flughafen

KINDERBESCHÄFTIGUNG

Gibt es auf Flughäfen Indoor-Spielplätze?

Manche Flughäfen, meist die kleinen, gleichen reinen Abflughallen ohne jeden Schnickschnack. Andere wiederum glänzen mit hervorragenden Einrichtungen für Familien mit kleinen Kindern. Meist handelt es sich hierbei um große internationale Flughäfen. Von Kinderclubs (München), großzügigen Indoor-Spielplätzen über Schmetterlingsgärten im Terminal (Singapur) bis hin zu Klettergerüsten am Gate (Melbourne) – in solchen Flughäfen kommt keine Langeweile auf.

> ●● TIPP
>
> Ob ein Flughafen über entsprechende Einrichtungen verfügt, erfahren Sie auf der Flughafen-Webseite.
>
> Wenn Sie Zugang zu einer Vielflieger- oder Businesslounge haben – auch hier gibt es mancherorts eigene Spielzimmer für die Kleinen.

Wie beschäftigen wir unser Kind am Flughafen?

Am Flughafen gibt es für Groß und Klein viel zu erleben. Die Zeit, auch viele Stunden, die Sie hier manchmal auch unerwartet verbringen müssen, können Sie vielfältig nutzen.

Wenn Sie sich nicht schon über das Internet einen Lageplan des Flughafens ausgedruckt haben, sollten Sie sich direkt auf dem Flughafen am Informationsschalter einen Plan besorgen und sich einen Überblick über die Einrichtungen und Unterhaltungsangebote verschaffen. Mit größeren Kindern können Sie gemeinsam entscheiden, welche Bereiche des Flughafens Sie erkunden möchten. Neben einer großen Anzahl an Geschäften und Restaurants gibt es meist weitere, für Kinder weitaus interessantere Attraktionen:

Am Flughafen

- **Indoor-Spielplätze, Spielzimmer und Spielbereiche:** Immer mehr Flughäfen rüsten auf und bieten Familien mit kleinen Kindern Spieloasen im Flughafentrubel. Oft befinden sich diese hinter der Sicherheitskontrolle am Terminal, manchmal gibt es auch kleinere Spielareale direkt am Gate.
- **Kinderclubs und Kinderbetreuung:** Insbesondere wenn sie sehr viel Zeit überbrücken müssen, ist für manche Familien eine Kinderbetreuung direkt im Flughafen interessant. Gegen eine Gebühr werden Kinder hier von professionellen Kräften beaufsichtigt und können mit anderen Kindern spielen. Für Eltern bedeutet dies eine Verschnaufpause.
- **Themengärten:** Manche Flughäfen lassen sich besonders originelle Attraktionen einfallen: Am Flughafen Singapur gibt es beispielsweise einen kostenlosen Schmetterlingsgarten sowie einen Kaktusgarten direkt am Terminal.
- **Aussichts- und Freiluftterrassen:** Wer mehrere Stunden auf das Flugzeug warten muss, kann hier noch einmal frische Luft schnuppern. Auf dem Inselflughafen von Mallorca warten gemütliche Liegestühle unter Palmen auf die Fluggäste.
- **Aussichtspunkte:** Kinder lieben Flugzeuge-Gucken! Auf vielen Flughafen-Lageplänen sind Orte verzeichnet, von denen man besonders gut die Flugzeuge beim Starten und Landen beobachten kann. Manchmal sind das auch die Fenster eines Flughafenrestaurants.

Flughafenspiele zum Zeitvertreib

Auch auf einem Flughafen ohne aufwendigen Indoor-Spielplatz oder Spielebereich können Sie mit Ihren Kindern viel Spaß haben:

- **Bewegen!** Suchen Sie ein wenig frequentiertes Gate oder einen leeren Flur und spielen Sie mit Ihrem Kind Fangen. Mit einem Softball (der wenig rollt) können Sie hier auch Fußball spielen. Breiten Sie an einem sauberen Ort eine Krabbeldecke für Ihr Baby aus. Jede Art von Bewegung vor dem langen Stillsitzen im Flugzeug ist gut.

- **Rolltreppen, Fahrstühle, Rollbänder:** Hoch und runter, kreuz und quer, immer wieder – kleine Kinder lieben das. Aber Vorsicht – bitte sichern Sie Ihr Kind zu jedem Zeitpunkt, damit es sich nicht verletzen kann.
- **Rallye fahren:** Mit modernen Rollkoffern lässt sich prima Koffersurfen. Auf dem Gepäckwagen oder im Buggy geht es mal schneller, mal langsamer durchs Terminal. Natürlich alles immer unter Rücksichtnahme gegenüber anderen Reisenden, unter Aufsicht und auf eigene Verantwortung (Gepäckwagensurfen ist eigentlich verboten).

Wenn die Energie nachlässt und man kurz vor dem Boarding steht, bieten sich eine Reihe ruhiger Spiele an:
- **Flughafen-Bingo:** Ein Flughafen gleicht einem Wimmelbuch. Einer gibt vor, was die anderen Familienmitglieder finden sollen: zum Beispiel einen roten Koffer, zwei Personen, die sich umarmen, eine Großfamilie mit fünf Kindern … Wer die Dinge zuerst entdeckt, gewinnt.
- **„Ich sehe was, was du nicht siehst":** ein Klassiker. Eine Person sucht sich einen Gegenstand aus – am besten etwas, das sich nicht bewegt – und beschreibt ihn: „Es ist riesengroß und rot und aus Metall." Die anderen müssen den Gegenstand finden und erraten.
- **Zählspiel:** Wer sieht die meisten Menschen mit Mützen, wer die meisten weißen Koffer? Wer zuerst bis zehn gezählt hat, gewinnt.
- **Flugzeuge-Gucken:** Suchen Sie sich einen guten Ort, wo Sie die Flugzeuge beim Starten und Landen beobachten können. Zeigen Sie Ihrem Kind den Tankwagen, wie die Koffer verladen werden und all die anderen Dinge, die es vielleicht bereits aus einem Flughafen-Wimmelbuch kennt.
- **Reporter spielen:** Setzen Sie sich am Gate neben die wartende Crew. Es wird nicht lange dauern, bis ein Crewmitglied mit Ihrem Kind spricht. Kindergartenkinder sind meist sehr

Am Flughafen

neugierig. Stellen Sie der Crew Fragen wie „Wie oft sind Sie schon mit diesem Flugzeug geflogen?".

- **Postkarten schreiben:** Kaufen Sie einige Postkarten und lassen Sie Ihr Kind mit ein paar Buntstiften Grüße an die Familie oder Freunde kritzeln oder schreiben.

> **●● TIPP**
>
> Wenn Sie bei einem Zwischenstop oder einer Flugverspätung ungeplant viele Stunden an einem Flughafen verbringen müssen, können Sie natürlich auch das Spielzeug auspacken, das Sie eigentlich für die Kinderbeschäftigung an Bord eingepackt haben (→ *Flugzeugtaugliches Kinderspielzeug von zu Hause*, Seite 159).

Check-in

WIE EINCHECKEN?

Welches ist die stressfreiste Check-in-Option für Familien?

Wenn alle mitreisenden Familienmitglieder ein gültiges E-Ticket besitzen, gibt es folgende Check-in-Möglichkeiten:

1. Beste Wahl: Vorabend-Check-in
Falls Ihre Fluggesellschaft ein Vorabend-Check-in anbietet und Sie nicht zu weit von der Gepäckannahmestelle (Flughafen oder mancherorts auch Bahnhöfe) entfernt wohnen, ist dies die erste Wahl für Sie. Am Vorabend in aller Ruhe einchecken, Bordkarten in Empfang nehmen, die Koffer aufgeben und am nächsten Tag auf dem Flughafen entspannt mit den Kindern direkt durch die Sicherheits- und Passkontrolle zum Gate gehen.

2. Auch gut: Online-Check-in
Bis mehrere Stunden vor Abflug online einchecken und Bordkarten ausdrucken. Das Online-Check-in können Sie in einem ruhigen Moment, etwa wenn Ihre Kinder im Bett sind, unmittelbar von Ihrem Schreibtisch aus durchführen. Am Flughafen gehen Sie dann direkt zum Gepäckaufgabeschalter und geben dort Ihr Gepäck ab. Die Wartezeiten sind meist gering.

3. Variante: Mobile Check-in
Wenn Sie unterwegs sind, bietet sich ein Check-in per internetfähigem Smartphone an. Die Bordkarten werden Ihnen beim Mobile Check-in direkt auf Ihr Mobiltelefon als 2D-Barcode zugesandt. Am Flughafen müssen Sie nur noch Ihr Gepäck am Gepäckaufgabeschalter abgeben. Beim Boarding wird das Display Ihres Mobiltelefons auf einen Scanner gelegt, um den Barcode Ihrer Bordkarte einzuscannen. Achtung: Vergessen Sie nicht, Ihr Mobiltelefon mit zum Gate zu nehmen!

Check-in

4. Nur bedingt zu empfehlen: Check-in am Automaten und Check-in-Schalter

Ein Check-in am Automaten ist für Familien ungeeignet, die mit Sondergepäck wie Buggy, Autokindersitz oder Reisebettchen fliegen. Denn im standardisierten Automatenprogramm sind Sonderfälle wie kostenloses Familiengepäck schlichtweg nicht vorgesehen. Abgesehen davon kann es mitunter recht anstrengend sein, mit Baby auf dem Arm oder Kleinkindern am Rockzipfel und einem Gepäckwagen voller Koffer am Flughafen sich selbst einzuchecken. Wenn Sie mit viel Gepäck reisen, vermeiden Sie nach Möglichkeit ein Check-in am Automaten.

Ebenso verhält es sich mit dem klassischen Einchecken am Check-in-Schalter. Hier gibt es oft lange Wartezeiten, die Sie vermeiden können, wenn Sie am Vorabend oder über das Internet einchecken. Leider gibt es einige Sonderfälle, in denen Sie nicht um ein klassisches Check-in am Schalter herumkommen (→ *Wer kann das Online-Check-in nutzen, wer nicht?*, Seite 94).

Welche Dokumente müssen wir am Check-in-Schalter vorlegen?

- Buchungscode oder -ausdruck (so wie gefordert), ggf. Flugtickets
- bei Online-Buchung: Kreditkarte, mit der der Flug im Internet bezahlt wurde
- gültige Reisepässe für alle Reiseteilnehmer (auch für Babys)
- ggf. gültige Einreise- und Aufenthaltsvisa
- ggf. Rück- oder Weiterflugtickets

> **●● TIPP**
>
> Wenn Sie ein Babybassinet vorbestellt haben, lassen Sie sich das bitte beim Einchecken am Schalter nochmals vom Schaltermitarbeiter bestätigen.

> **●● INFO**
>
> Wie Sie einen Reisepass für Ihr Kind beantragen, erfahren Sie in
> → *Bonuskapitel: Kinderreisepass beantragen* ab Seite 196.

Welche Arten von Bordkarten gibt es?

Abhängig von der von Ihnen gewählten Check-in-Art können Sie zwischen verschiedenen Bordkarten-Varianten wählen:

- **PDF-Variante:** Wenn Sie online eingecheckt haben, können Sie Ihre Bordkarten entweder direkt als PDF herunterladen und abspeichern oder die PDF-Bordkarten werden Ihnen per E-Mail zugesandt. Speichern Sie die Bordkarten, drucken Sie sie in zweifacher Ausführung aus (eine Kopie verbleibt bei Ihnen) und legen Sie sie zu Ihren Reiseunterlagen.
- **Mobile Bordkarte:** Ihre mobilen Bordkarten können Sie sich auf Wunsch per SMS-Link an Ihr Mobiltelefon senden lassen. Speichern Sie die Bordkarten und rufen Sie diese zum Boarding einfach am Gate auf. Alternativ können Sie sich die mobilen Bordkarten auch an eine E-Mailadresse schicken lassen, öffnen Sie den E-Mailanhang beim Boarding und zeigen Sie den Barcode vor. Großer Vorteil: Es geht ganz ohne Papier. Allerdings brauchen Sie für die Nutzung der mobilen Bordkarten ein internetfähiges Mobiltelefon sowie einen vollen Handy-Akku!
- **Papier-Bordkarte vom Check-in-Schalter:** Diese erhalten Sie direkt am Check-in-Schalter am Flughafen. Bitte beachten Sie, dass das Check-in am Schalter bei vielen Fluggesellschaften mit Extrakosten verbunden ist.

Check-in

> **•• INFO**
>
> Sie haben online oder mobil eingecheckt und vergessen, die Bordkarten auszudrucken oder sich eine mobile Bordkarte zusenden zu lassen? Dann können Sie Ihre Bordkarten im Regelfall auch noch an einem Check-in-Automaten am Flughafen ausdrucken. Das geht aber nur bis etwa 45 Minuten vor Abflug.

Welche Dinge Sie am Check-in-Schalter nochmals prüfen sollten

- **Sitzplatzreservierung:** Stellen Sie sicher, dass Sie wirklich die von Ihnen reservierten Sitzplätze erhalten. Falls Sie im Vorfeld keine Eltern-Kind-Plätze oder zusammenhängenden Sitzplätze für Ihre Familie reservieren konnten, ist jetzt der richtige Zeitpunkt, um noch einmal nachzufragen. Empfehlungen zur Sitzplatzreservierung finden Sie im Kapitel → *Sitzplatzreservierung* ab Seite 46.
- **Babybassinet:** Auch wenn Sie für Ihr Kind ein Babybassinet bereits per E-Mail oder telefonisch bestellt haben, sollten Sie diesen Wunsch am Check-in-Schalter nochmals wiederholen (→ *Wie reserviere ich ein Babybassinet für mein Kind?*, Seite 140).
- **Autokindersitz:** Lassen Sie sich bestätigen, dass auf dem für Ihr Kind reservierten Sitzplatz die Installation eines Autokindersitzes von der Fluggesellschaft erlaubt ist (→ *Fliegen mit Autokindersitz* ab Seite 133).
- **Kinderbuggy:** Fragen Sie nach, ob Sie Ihren Buggy oder Kinderwagen bis zum Gate mitnehmen dürfen. Viele Fluggesellschaften bieten Familien die Möglichkeit des *gate check-in* für den Buggy oder Kinderwagen.
- **Kindermenü:** Wurde das von Ihnen bestellte Kindermenü korrekt eingebucht (→ *Wie kann ich ein Kindermenü für mein Kind bestellen?*, Seite 169)?

> **•• TIPP**
>
> Nehmen Sie Ihren Autokindersitz mit Flugzeugzulassung zum Check-in-Schalter mit, auch wenn Sie für Ihr Baby keinen eigenen Sitzplatz gebucht haben. Fragen Sie nach, ob Sie einen eigenen Sitzplatz für Ihr Kind (mit Autokindersitz) erhalten können. Wenn das Flugzeug nicht ausgebucht ist, wird man Ihnen mit großer Wahrscheinlichkeit diesen Wunsch gewähren. Wenn es nicht geht, können Sie Ihren Autokindersitz als Familien-Sondergepäck, meist kostenlos, aufgeben.

VORABEND-CHECK-IN

Wie funktioniert das Vorabend-Check-in?

An vielen Flughäfen in Deutschland, Österreich und der Schweiz können Sie bereits am Abend vor dem Abflugtag Ihr Gepäck aufgeben und Ihre Bordkarten entgegennehmen.

Für Familien mit kleinen Kindern ist dies eine tolle Sache, denn es spart mitunter lange Wartezeiten am Abreisetag. Insbesondere wenn der Abflug mitten in der Nacht oder um vier Uhr morgens ist, werden Sie froh sein, dass Sie bereits am Vortag eingecheckt haben. Mit Ihren Bordkarten gehen Sie am Abflugtag direkt zur Sicherheitskontrolle und weiter zum Gate.

Manche Fluggesellschaften erheben für das Vorabend-Check-in eine geringe Gebühr (derzeit etwa 5 Euro pro Person über zwölf Jahre) und bieten diesen Service nur für Flüge am Folgetag bis 12 Uhr an. Bei anderen Fluggesellschaften ist das Einchecken am Vorabend kostenlos und für alle Flüge des Folgetags möglich.

Check-in

> **TIPP**
>
> Ein Elternteil kann für die gesamte Familie das Vorabend-Check-in erledigen. Hierfür muss er die Flugunterlagen und Reisepässe aller mitreisenden Familienmitglieder vorlegen.
>
> ---
>
> Nicht alle Fluggesellschaften bieten ein Vorabend-Check-in an. Ob für Ihren Flug und an Ihrem Abflughafen ein Vorabend-Check-in möglich ist, das erfahren Sie auf der Webseite Ihrer Fluggesellschaft oder bei der Hotline.

> **INFO**
>
> Manche Fluggesellschaften bieten einen besonderen Service: Airberlin unterhält beispielsweise Vorabend-Check-in-Außenstellen an den Bahnhöfen in Kassel und Bielefeld.

Welche Fluggesellschaften bieten das Vorabend-Check-in an?

Internationale Fluggesellschaften bieten offenbar keinen Vorabend-Check-in von deutschen Abflughäfen an. An Flughäfen in Deutschland können Sie derzeit mit Airberlin, Condor, Lufthansa sowie Tuifly am Vortag einchecken. Bei Germanwings und Ryanair ist ein Vorabend-Check-in nicht möglich.

> **TIPP**
>
> Für welche Abflughäfen in Deutschland, Österreich und der Schweiz ein Vorabend-Check-in momentan möglich ist, findet sich auf der Webseite der jeweiligen Fluggesellschaft.

Check-in

ONLINE-CHECK-IN
Wie funktioniert das Online-Check-in?

Folgende Dinge müssen Sie bereithalten:
- Buchungsnummer oder Buchungscode (E-Ticket)
- ggf. Reisepässe aller Mitreisenden

So funktioniert das Online-Check-in bei den meisten Fluggesellschaften:

1. Webseite der Fluggesellschaft aufrufen und auf den Link „Check-in" klicken. Bei manchen Fluggesellschaften heißt dieser Link auch Web-Check-in oder Internet-Check-in.
2. Identifikation: Geben Sie Ihren Namen und Ihre Buchungsnummer an und folgen Sie den Anweisungen auf dem Bildschirm.
3. Passdaten: Bei manchen Flügen, vor allem nach Übersee, müssen Sie jetzt die Passdaten aller mitreisenden Personen eingeben.
4. Sitzplätze auswählen: Wenn Sie bereits Sitzplätze reserviert haben, werden diese Ihnen jetzt angezeigt. Meist können Sie in diesem Schritt Ihre Sitzplätze noch einmal ändern. Haben Sie noch keine Sitzplätze reserviert, können Sie das jetzt nachholen.
5. Bordmenü festlegen: Manche Fluggesellschaften bieten Ihnen jetzt noch die Möglichkeit, Ihre Bestellungen für das Bordessen (zum Beispiel Bestellungen für das Kindermenü) zu ändern. Dies muss aber spätestens 48 Stunden vor Abflug geschehen.
6. Mitreisende Familienmitglieder hinzufügen: Führen Sie für jeden weiteren Mitreisenden Schritt 2 bis 5 durch.
7. Bordkarten auf DIN-A4-Papier ausdrucken oder digital zusenden lassen: Wenn Sie das Check-in für die gesamte Familie durchgeführt haben, können Sie die Bordkarten je nach Fluggesellschaft ausdrucken, sich per E-Mailanhang zusenden oder sich per SMS-Link oder E-Mailanhang aufs Mobiltelefon schicken lassen.

Am Flughafen gehen Sie mit Ihren Bordkarten direkt zum Gepäckabgabeschalter, meist gekennzeichnet mit *„baggage drop-off", „quick check-in"* oder *„Internet check-in"*.

> **●● ACHTUNG**
>
> Sobald Sie das Online-Check-in abgeschlossen und die Bordkarten angefordert haben, können Sie keine Änderungen mehr vornehmen.

> **●● INFO**
>
> In manchen Sonderfällen können Sie trotz E-Ticket für Ihre Familie das Online-Check-in nicht nutzen (→ Seite 94).

Müssen wir online einchecken?

Das hängt davon ab, mit welcher Fluggesellschaft Sie reisen. Fliegen Sie mit einer Billigfluglinie, so haben Sie keine Wahl und müssen zwingend online einchecken. Wenn Ihr Flug Teil eines Pauschalpakets ist, dann sieht es oftmals anders aus: Pauschalreisende können häufig nicht online einchecken und müssen am Flughafen den Check-in-Schalter nutzen.

Wenn Sie jedoch nur einen Flug gebucht haben, können Sie bei den meisten Pauschal- und Linienfluggesellschaften die Check-in-Methode frei wählen – wobei die Vorteile eines Online-Check-ins insbesondere Familien überzeugen sollten.

Passagiere, die online eingecheckt haben, können am Flughafen direkt zum Gepäckabgabeschalter gehen und sich das Anstellen (und Warten) in der meist langen Schlange vor dem Check-in-Schalter sparen.

> **●● INFO**
>
> Ein Online-Check-in ist noch nicht in allen Ländern und für alle Flüge möglich. Informieren Sie sich auf der Webseite Ihrer Fluggesellschaft über die angebotenen Check-in-Möglichkeiten für Ihre Flüge.

Check-in (93)

> **●● ACHTUNG**
>
> Billigfluggesellschaften berechnen für den Ausdruck der Bordpässe am Flughafen hohe Gebühren. Stellen Sie frühzeitig sicher, dass Sie Ihre Bordpässe zu Hause ausdrucken können und verstauen Sie die Ausdrucke im DIN-A4-Format in Ihrem Handgepäck.

Was kostet das Online-Check-in?

Das Online-Check-in ist bei den meisten Fluggesellschaften kostenlos. Eine Ausnahme bilden die Billigairlines. Ryanair etwa berechnet für das Online-Check-in derzeit 7 Euro pro Person und einfachen Flug.

Ab wann können wir online einchecken?

Meist ist ein Online-Check-in etwa 24 Stunden vor Abflug möglich. Voraussetzungen dafür sind ein gültiges E-Ticket (papierloses Ticket) und eine Buchungsnummer.
Online-Check-in-Zeiten ausgewählter Fluggesellschaften:

- *Airberlin* (32): 30 Stunden bis 45 Minuten vor Abflug
- *Condor* (34): 24 Stunden bis 2 Stunden vor Abflug
- *Germanwings* (35): 72 Stunden bis 3 Stunden vor Abflug
- *Lufthansa* (33): 23 Stunden vor Abflug
- *Ryanair* (37): 15 Tage bis 4 Stunden vor Abflug
- *Tuifly* (36): 30 Stunden bis 1 Stunde vor Abflug

> **●● INFO**
>
> Wenn Sie Ihre Flugtickets online direkt auf der Homepage einer Fluglinie gekauft haben, erhalten Sie wahrscheinlich eine E-Mail-Benachrichtigung, sobald der Online-Check-in möglich ist.

> **•• TIPP**
>
> Sie haben Ihre Wunschsitzplätze nicht reservieren können? Stellen Sie sich einen Wecker und versuchen Sie, einer der ersten zu sein, sobald das Online-Check-in eröffnet ist. Oft werden dann noch einmal weitere Sitzplatzkontingente zur freien Platzwahl angeboten.

Wer kann das Online-Check-in nutzen, wer nicht?

Die Nutzung des Online-Check-ins setzt voraus, dass für alle Fluggäste – auch für Babys, die auf dem Schoß mitreisen – ein eigenes elektronisches Flugticket (E-Ticket) vorliegt. Wenn das der Fall ist, kann in den meisten Fällen problemlos online eingecheckt werden.

Wenn Ihr Baby jedoch kein eigenes Flugticket besitzt, sondern lediglich auf dem Ticket eines mitreisenden Erwachsenen eingetragen ist (was oft auf Inlandsflügen der Fall ist), müssen Sie zwangsläufig am regulären Check-in-Schalter am Flughafen einchecken. Darüber hinaus gibt es weitere Einschränkungen, die sich je nach Fluggesellschaft unterscheiden können:

- Wer plant, den Kinderwagen bis ans Flugzeug mitzunehmen (*gate check-in*), kommt auf Lufthansa-Flügen nicht umhin, sich einen entsprechenden Gepäckanhänger (*baggage label*) am Check-in-Schalter abzuholen. Der Gepäckannahmeschalter (*baggage drop-off*) ist diesbezüglich nicht nutzbar.
- Wenn Sie mit Autokindersitz in der Passagierkabine reisen, ist bei einigen Airlines (zum Beispiel bei Germanwings) ein Internet-Check-in nicht möglich, weil der Kindersitz von der Fluggesellschaft autorisiert werden muss.
- Passagiere, deren Flug Teil einer Pauschalreise ist, müssen wahrscheinlich am Check-in-Schalter am Flughafen einchecken. Denn viele Reiseveranstalter unterstützen das ticketlose Verfahren leider nicht.

- Familien, die für ihr Baby keinen eigenen Sitzplatz gebucht haben, sich aber einen eigenen Sitzplatz fürs Baby wünschen und auf die Kulanz der Fluggesellschaft hoffen. Wenn der Flug nicht ausgebucht ist, lohnt sich die Nachfrage.
- Allein reisende, unbegleitete Kinder können das Online-Check-in nicht nutzen.

WEITERE CHECK-IN-MÖGLICHKEITEN
Können wir als Familie am Automaten einchecken?

Für Familien, die mit viel Extragepäck wie Buggy, Kinderbettchen oder Autokindersitz reisen, ist der Automaten-Check-in nicht zu empfehlen. Denn Familien-Sondergepäck, das von den meisten Fluggesellschaften kostenlos befördert wird, ist beim Automaten-Check-in nicht vorgesehen.

Das Einchecken am Check-in-Automaten am Flughafen steht jedoch grundsätzlich allen Fluggästen offen. Es können meist mehrere Personen, also die gesamte Familie, eingecheckt und zusammenhängende Sitzplätze für alle (bei Verfügbarkeit) ausgewählt werden. Für Fluggäste, die mit wenig oder ohne Gepäck reisen, ist der Check-in-Automat neben dem Online-Check-in die beste, weil schnellste Alternative. Voraussetzung für das Check-in am Automaten am Flughafen ist ein E-Ticket.

Am Automaten müssen Sie sich, je nach Fluggesellschaft, mit Ihrem Reisepass, Ihrer Kredit- oder Vielfliegerkarte ausweisen oder einfach nur Ihren Namen und Buchungscode eingeben. Dann können Sie Ihre Sitzplätze wählen und Angaben zur Anzahl der Gepäckstücke, die Sie aufgeben möchten, tätigen. Sie erhalten nach Abschluss des Check-ins Ihre Bordkarten. Manche Automaten drucken zusätzlich Gepäckanhänger für alle Gepäckstücke, die Sie aufgeben möchten, aus. Diese müssen Sie selbst an den Koffern anbringen.

Im letzten Schritt bringen Sie Ihr Gepäck zum Gepäckaufgabeschalter Ihrer Fluggesellschaft oder stellen es, falls vorhanden auf das im Automaten integrierte Gepäckförderband.

Was ist Mobile Check-in?

Einige Fluggesellschaften bieten mittlerweile die Option, per internetfähigem Smartphone einzuchecken. Genauso wie beim Online-Check-in können Sie mit Ihrem Mobiltelefon Sitzplätze auswählen und erhalten im Anschluss Ihre mobilen Bordkarten in Form von 2D-Barcodes per SMS-Link, E-Mail oder MMS auf Ihr Mobiltelefon.

Am Flughafen geben Sie nur noch Ihr Gepäck auf und gehen direkt zum Gate. Dort wird der Barcode Ihrer Bordkarte durch Auflegen des Handydisplays auf einen Scanner eingelesen.

Das Mobile Check-in ist meist etwa 24 Stunden vor Abflug möglich. Auch für eine mehrköpfige Familie ist ein Mobile Check-in mit nur einem Mobiltelefon möglich.

> **●● ACHTUNG**
>
> Wenn Sie Ihre Bordkarten auf Ihr Mobiltelefon geschickt bekommen, benötigen Sie keinen Ausdruck. Achten Sie aber unbedingt darauf, dass Sie Ihr Mobiltelefon beim Einchecken bereithalten und dass der Akku aufgeladen ist.

> **●● INFO**
>
> Sollten Sie Ihr Mobiltelefon vergessen haben, können Sie Ihre Bordkarten auch am Check-in-Automaten oder am Check-in-Schalter im Flughafen ausdrucken lassen.

Check-in

Check-in per App

Immer mehr Fluggesellschaften bieten ihren Kunden Apps für die Verwaltung ihrer Flüge. Der Funktionsumfang klingt vielversprechend, ist aber laut Nutzermeinungen aus dem Internet häufig noch nicht ganz ausgereift. So soll es etwa möglich sein, über die App Flüge zu suchen und zu buchen, einzuchecken, die mobilen Bordkarten aller bereits getätigten Flüge im Überblick zu haben, Übergepäck günstig hinzuzubuchen, den Flugstatus im Blick zu haben (sehr gut bei Flugverspätungen) und Meilen beim Vielfliegerprogramm automatisch gutschreiben zu lassen.

> **•• INFO**
>
> Folgende Fluggesellschaften bieten kostenlose Check-in-Apps für ihre Fluggäste: *Airberlin (iPhone)* (8), *Germanwings (iPhone und Android)* (9), *Lufthansa (iPhone und Android)* (10). Keine Check-in-Apps bieten Condor, Tuifly und Ryanair.

> **•• TIPP**
>
> Wenn Sie ein iPhone mit dem Betriebssystem iOS6 besitzen, können Sie Ihre Bordkarten direkt auf Ihrem iPhone mit der integrierten App *Passbook* (11) ablegen. Neben Airberlin und Lufthansa unterstützen mittlerweile viele internationale Fluggesellschaften, zum Beispiel American Airlines, Air China und Air Canada, diesen Service.

Gepäck

FREIGEPÄCK

Wie viel Freigepäck dürfen wir als Familie mitnehmen?

Die Anzahl sowie das maximal erlaubte Gewicht der kostenlos beförderten Gepäckstücke sind von Fluggesellschaft zu Fluggesellschaft verschieden. Die meisten Fluggesellschaften gestatten die Mitnahme eines Handgepäckstücks sowie ein Freigepäckstück – pro Person mit eigener Sitzplatzbuchung. Bei Billigfluggesellschaften gibt es kein Freigepäck; hier ist lediglich die Mitnahme eines Handgepäckstücks kostenfrei.

Ein zusammenklappbarer Kinderwagen pro Baby und Kleinkind – manchmal gibt es hierfür eine Altersbegrenzung – wird normalerweise ebenfalls kostenfrei transportiert.

> **•• ACHTUNG**
>
> Manche Fluggesellschaften machen Vorgaben bezüglich der maximal zulässigen aufaddierten Kantenlänge (Höhe + Breite + Tiefe). Werden diese nicht eingehalten, kann es teuer werden.

Wie viel Freigepäck dürfen Babys aufgeben?

Die meisten Fluggesellschaften gestatten die kostenfreie Mitnahme eines Gepäckstücks pro Baby ohne eigenen Sitzplatz. Anders verhält es sich bei Billigfliegern: Hier gibt es für Babys, die auf dem Schoß eines Elternteils mitreisen, weder kostenloses Handgepäck noch Freigepäck (→ *Darf ich für mein Baby ohne Sitzplatz Handgepäck mit an Bord nehmen?*, Seite 103).

> ●● **INFO**
>
> Für Kinder und Babys mit Sitzplatzreservierung gelten die gleichen Gepäckbestimmungen wie für Erwachsene, auch bei den Billigairlines.

> ●● **TIPP**
>
> Informieren Sie sich auf der Webseite oder bei der Hotline Ihrer Fluggesellschaft über die Freigepäckbestimmungen für Babys ohne Sitzplatz.

Dürfen wir als Familie das Freigepäck aufteilen?

Bis vor Kurzem zeigten sich viele Fluggesellschaften bei der Aufteilung des Gewichts auf die Gesamtanzahl der erlaubten Gepäckstücke bei der Gepäckannahme kulant. Dies hat sich aber geändert. Die meisten Fluggesellschaften achten nun darauf, dass das zulässige Gewicht pro Gepäckstück eingehalten wird – auch wenn das Gewicht eines anderen Gepäckstücks weit unter der Höchstgrenze liegt.

> ●● **TIPP**
>
> Wer lästiges Umpacken oder deftige Übergepäckgebühren vermeiden will, sollte bereits zu Hause den gepackten Koffer wiegen.

Und wenn unsere Koffer am Flughafen doch zu viel wiegen?

Dann gibt es folgende Möglichkeiten:
- **Glück haben:** Eventuell drückt das Personal am Gepäckannahmeschalter ein Auge zu. Insbesondere auf Langstrecken-

Gepäck

flügen mit Linienfluggesellschaften ist dies möglich. Schlechte Karten haben Sie bei Billigairlines.

- **Sachen in ein anderes Gepäckstück umpacken:** vom schweren Koffer in Koffer, in denen noch Platz ist. Mit Baby auf dem Arm oder Kind am Rockzipfel aber eine recht stressige Angelegenheit.
- **Preiswerte Tasche kaufen und umpacken:** Wenn in den anderen Gepäckstücken kein Platz mehr ist, Sie aber noch ein zusätzliches Gepäckstück kostenfrei aufgeben dürfen und genügend Zeit ist, können Sie am Flughafen in einem Geschäft eine zusätzliche Tasche kaufen und Ihre Dinge dort hinein umpacken.
- **Für überschüssige Kilos zahlen:** Wenn alles mit muss und Sie Ihre Taschen nicht mehr umpacken können oder wollen, bleibt Ihnen nichts anderes übrig, als tief in die Tasche zu greifen. Bei Überschreitung des zulässigen Gewichts wird eine Pauschale berechnet, die in etwa dem Preis für ein weiteres Gepäckstück entspricht, was je nach Buchungsklasse, Buchungszeitpunkt und Reiseziel auch mal mehr als 100 Euro pro Flugstrecke sein können.

•• TIPP

Wenn Sie bereits zu Hause absehen können, dass Sie mit der Freigepäckmenge nicht hinkommen, können Sie online oder über die Kundenhotline Ihrer Fluggesellschaft weitere Gepäckstücke anmelden und gegen Zahlung einer zusätzlichen Gebühr mitnehmen. Die Anmeldung von Extragepäck vor Anreise zum Flughafen ist bis zu 50 Prozent günstiger, als das Übergepäck direkt am Flughafen bezahlen zu müssen.

•• INFO

Bei manchen Fluggesellschaften (zum Beispiel Airberlin) können Babys ohne Sitzplatzanspruch kein Übergepäck buchen.

> **●● ACHTUNG**
>
> Gepäckstücke, die mehr als 32 Kilogramm wiegen, werden von keiner Fluggesellschaft befördert.

So vermeiden Sie lästiges Umpacken am Flughafen

- Ermitteln Sie bereits zu Hause das Eigengewicht Ihrer Koffer. Da gibt es große Unterschiede. Die leichtesten Koffer wiegen bereits etwa 2,5 Kilogramm – ohne Inhalt.
- Wiegen Sie die gepackten Koffer auf einer Körperwaage (auch vor dem Rückflug). Ist ein Koffer zu schwer, packen Sie um.
- Wenn Sie neue Koffer kaufen, kaufen Sie keine Serie mit verschieden großen Koffern. Das macht das gleichmäßige Verteilen des Gewichts auf unterschiedliche Koffergrößen schwierig. Es empfiehlt sich, mehrere gleich große Koffer zu kaufen.
- Wenn es sich nicht vermeiden lässt, dass ein Koffer wesentlich schwerer ist als die restlichen, dann kontaktieren Sie Ihre Fluggesellschaft und fragen nach, ob ein Aufaddieren des Gesamtgewichts aller aufgegebenen Gepäckstücke möglich ist.

HANDGEPÄCK

Dürfen wir für unser Baby Babynahrung im Handgepäck mitführen?

Ja. Für Babynahrung wie Milchpulver, normale Milch, abgepumpte Muttermilch und Babygläschen gibt es eine Sonderregelung. Sie unterliegt keiner Mengenbeschränkung. Die mitgeführte Menge muss jedoch plausibel und an die Dauer der Flugreise angepasst sein. Diese Sonderregelung greift, wenn Ihr Kind mit Ihnen reist und unter drei Jahre alt ist. Es muss sich allerdings um kindge-

rechte Nahrung und Flüssigkeiten handeln. Die Mitnahme von Limonaden oder Cola wird normalerweise untersagt. Wasserflaschen werden eventuell konfisziert oder müssen geleert werden.

> **•• TIPP**
>
> Um Malheure im Flugzeug zu vermeiden und um das Vorzeigen von Babynahrung bei der Sicherheitskontrolle zu erleichtern, packen Sie alle Behältnisse mit flüssigem Inhalt in separate, durchsichtige Plastikbeutel.

> **•• INFO**
>
> Auch Medikamente und Spezialnahrung dürfen Sie in der benötigten Menge im Handgepäck mitnehmen. Vorsichtshalber sollten Sie ein Attest vom Arzt dabeihaben, um im Zweifelsfall nachweisen zu können, dass Ihr Kind diese Medikamente wirklich in der entsprechenden Menge an Bord braucht.

Darf ich für mein Baby ohne Sitzplatz Handgepäck mit an Bord nehmen?

Für Babys, die auf dem Schoß eines Elternteils sitzen, dürfen Sie im Regelfall auch ein wenig Handgepäck mitnehmen. Eine Wickeltasche mit Babyutensilien wird gemeinhin akzeptiert. Nur bei Billigfluggesellschaften ist Vorsicht angebracht: Meist gibt es kein kostenloses Handgepäck für Babys. Wickel- und andere Babyutensilien müssen Sie also beim Flug mit einer Billigairline in Ihrem eigenen Handgepäck verstauen.

Bei der Sicherheitskontrolle dürfen Sie für Ihr Baby einen gesonderten Plastikbeutel mit Flüssigkeiten mitführen.

> **•• INFO**
>
> Für Babys mit gebuchtem Sitzplatz gelten die gleichen großzügigeren Gepäckbestimmungen wie für Kinder und Erwachsene.

Welche Beschränkungen bezüglich der Menge, der Größe und des Gewichts gibt es beim Handgepäck?

- **Anzahl:** Generell darf pro Person und gebuchtem Sitzplatz ein Handgepäckstück mit an Bord genommen werden. Darüber hinaus erlauben viele Fluggesellschaften die kostenlose Mitnahme eines Laptops im Handgepäck.
- **Größe:** Die erlaubte Größe des Handgepäcks variiert je nach Fluggesellschaft, auch innerhalb Europas. Im deutschen Kofferhandel werden Taschen mit den Maßen 55 x 40 x 20 Zentimeter als flugzeugtauglich verkauft. Wer jedoch auf Nummer sicher gehen will, kauft für Flüge mit internationalen Fluggesellschaften eine Tasche mit den etwas geringeren Maximalmaßen 55 x 35 x 20 Zentimeter.
- **Außenmaße:** Bei anderen Fluglinien ist die aufaddierte Kantenlänge des Gepäckstücks (Höhe + Breite + Tiefe) entscheidend: Maximal 1,15 Meter, manchmal auch 1,18 Meter aufaddierte Taschenkantenlänge werden akzeptiert.
- **Gewicht:** Jede Fluggesellschaft handhabt dies anders. Bei Ryanair beispielsweise darf das Handgepäckstück mit 10 Kilogramm am meisten wiegen (dafür ist weiteres aufgegebenes Gepäck kostenpflichtig), bei Lufthansa 8 Kilogramm und bei Airberlin nur 6 Kilogramm. Bei American Airlines wiederum unterliegt das Handgepäckstück keiner Gewichtsbeschränkung.

Gepäck

> **•• ACHTUNG**
>
> Halten Sie die vorgegebenen Maße unbedingt ein. Im schlechtesten Fall können Sie gezwungen werden, Ihr zu großes oder zu schweres Handgepäck als Gepäckstück aufzugeben – und dann stehen Sie womöglich ohne Babynahrung und Wickelutensilien an Bord da!

> **•• INFO**
>
> Bei Billigfliegern werden die Handgepäckregeln besonders streng eingehalten. Jedes Gramm extra muss bezahlt werden und es darf, etwa bei Ryanair, wirklich nur ein Gepäckstück pro Person mit an Bord. Also müssen die Handtasche, die Wickeltasche und der Fotoapparat zusammen in einer größeren Tasche für die Mitnahme in die Fluggastkabine verstaut werden.

> **•• TIPP**
>
> Sogenannte *bordcases*, kleine Koffer mit Rollen, gibt es in Großmärkten und Taschenläden. Sie passen unter (fast) jeden Flugzeugsitz und sind genormt. Aber Achtung: Ein *bordcase* wiegt etwa 2,5 bis 3 Kilogramm. – Bei einer Handgepäck-Gewichtsobergrenze von nur 6 bis 8 Kilogramm bleibt so nicht mehr sehr viel Raum für das eigentliche Gepäck.

Welche Gegenstände sind im Handgepäck verboten?

Aufgrund einer geltenden Verordnung dürfen Sie keine größeren Mengen an Flüssigkeiten im Handgepäck mitnehmen. Eine Ausnahmeregelung gilt jedoch für Babynahrung (→ *Dürfen wir*

für unser Baby Babynahrung im Handgepäck mitführen?, Seite 102).

Mitgeführte Flüssigkeitsbehälter dürfen nicht größer als 100 Milliliter sein und müssen in einem durchsichtigen, wiederverschließbaren Plastikbeutel mit maximal 1 Liter Fassungsvermögen verstaut werden. Pro Person, also auch für Babys und Kleinkinder, ist ein Beutel erlaubt.

Darüber hinaus sind Bastelscheren und andere spitze Gegenstände im Handgepäck tabu, ebenso Kinderspielzeugpistolen.

•• TIPP

Handelsübliche Gefrierbeutel mit Ziplock-Verschluss haben sich als Vorzeigebeutel bewährt. Wenn Sie unsicher sind, ob die von Ihnen eingepackte Menge an Flüssigkeiten die zulässige Menge übersteigt, zeigen Sie Ihre Beutel am besten am Check-in, bevor Sie Ihre Koffer einchecken. Dann haben Sie die Möglichkeit, noch etwas in Ihren Koffern zu verstauen und müssen zum Beispiel teuer erstandene Gesichtscremes nicht an der Sicherheitskontrolle wegwerfen.

•• ACHTUNG

Bitte halten Sie sich an die Plastikbeutel-Größenvorgabe von maximal 1 Liter Fassungsvermögen und benutzen Sie nicht einen größeren Beutel. An manchen Flughäfen könnten Sie damit Probleme bekommen. Nutzen Sie lieber die Möglichkeit, pro Person einen Beutel (auch für Ihr Baby) zu packen.

Welche Tasche ist als Handgepäck zu empfehlen?

Praktisch als Handgepäckstück für den Flug mit Baby ist ein leichtgewichtiger Rucksack mit mehreren Innentaschen und Untertei-

Gepäck

lungen, in denen Sie gut alle Babyutensilien und Reiseunterlagen organisieren und effektiv verstauen können. Darüber hinaus haben Sie beide Hände frei, um sich um Ihr Kind zu kümmern.

Kleine Rollkoffer, die exakt den von den meisten Fluggesellschaften zugelassenen Handgepäckmaßen entsprechen und perfekt unter den Vordersitz bzw. in das Gepäckfach über Ihrem Kopf passen, eignen sich nur begrenzt für den Flug mit Kleinkind. Denn wenn Sie etwas aus dem Koffer herausnehmen wollen, müssen Sie ihn meist ganz öffnen. Gehen Sie davon aus, dass Sie auf dem Flug oft Dinge aus- und einräumen werden. Dies ist mit Baby auf dem Schoß schwierig bis geradezu unmöglich.

Rollkoffer können Sie, je nach Modell, einfach hinter sich herziehen oder neben sich herschieben. Kinder haben viel Spaß daran, diese kleinen Koffer für Sie durch den Flughafen zu schieben.

Variante: Packen Sie eine kleine Tasche mit allen Babyutensilien, die Sie wahrscheinlich an Bord benötigen werden, in Ihren Rollkoffer. Im Flugzeug nehmen Sie die Babytasche aus dem Koffer und verstauen diesen im Gepäckfach über Ihrem Kopf. Die Tasche mit den Babyutensilien legen Sie in Reichweite in den Fußraum oder stecken sie in die Rückenlehnentasche vor Ihnen.

> **●● TIPP**
>
> Wenn Sie allein mit Kind reisen oder zusätzlich einen Buggy oder Kinderwagen dabeihaben, sollten Sie sich für die Rucksackvariante entscheiden.

Checkliste:
Was gehört ins Handgepäck?

Reisedokumente und Papierkram
- [ ] Buchungscode des E-Tickets oder Flugticket
- [ ] Ausdruck Buchungsbestätigung
- [ ] Reisepässe für alle
- [ ] Visa
- [ ] Impfausweise
- [ ] Schwangere: Mutterpass und Flugtauglichkeitsbescheinigung
- [ ] Krankenkassenkarten
- [ ] Versicherungsnachweise für Auslandsreisekrankenversicherung und Reiserücktrittsversicherung
- [ ] ggf. Reisevollmacht
- [ ] Zahlungsmittel (Bargeld, Reiseschecks, Maestrokarte, Kreditkarte)
- [ ] Reservierungsbestätigung der Flugsonderleistungen
- [ ] Kindersitz-Tauglichkeitsbescheinigung der Fluggesellschaft
- [ ] Hotelvoucher, Mietwagenvoucher, Mietvertrag Ferienhaus
- [ ] Führerschein, ggf. internationaler Führerschein
- [ ] Adressen, Kontaktnummern und Wegbeschreibungen

Essen und Trinken
- [ ] Lätzchen und Löffelchen
- [ ] Thermosbehälter mit bereits erwärmtem Mittagessen
- [ ] Trinkflasche (gefüllt oder ungefüllt)
- [ ] ausreichend Babynahrung für den Flug inklusive Notration (Gläschen, Milchpulver etc.)
- [ ] Knabbereien, Obst als Notration für größere Kinder und Schwangere

Hygiene
- [ ] Zahnbürsten, Kamm, Deodorant
- [ ] Taschentücher
- [ ] Feuchttücher

Gepäck

- [ ] Wegwerf-Wickelunterlage
- [ ] ausreichend Windeln für den Flug und eventuell unerwartete längere Wartezeiten
- [ ] Wundcreme
- [ ] Plastiktüten für verdreckte Kleidung oder Windeln
- [ ] Hand-Desinfektionsmittel

Sicherheit
- [ ] CARES-Sicherheitsgurt oder Autokindersitz inklusive Dokumentation

Kleidung
- [ ] zwei Komplettsätze Wechselkleidung für Babys, je einen Satz Wechselkleidung für Kleinkinder und Erwachsene
- [ ] dicke Socken oder Hausschuhe
- [ ] Jacken oder Pullover, Schals oder Halstücher
- [ ] Babydecke (gibt es meist auf kürzeren Flügen nicht)

Gesundheit und Wohlfühlen
- [ ] Brille, Sonnenbrille
- [ ] ggf. Alltagsmedikation und Arztattest
- [ ] schmerz- bzw. fiebersenkendes Mittel
- [ ] Mittel gegen Reisekrankheit
- [ ] kleine Flasche Sonnenschutzmittel
- [ ] Nasenspray für den Druckausgleich, Meerwasserspray
- [ ] evtl. Ohrstöpsel
- [ ] Lutschbonbons oder Kaugummis für große Kinder und Erwachsene für den Druckausgleich bei der Landung
- [ ] Schnuller mit Schnullerkette und Ersatzschnuller
- [ ] Kuscheltier und Kuscheldecke
- [ ] Nackenhörnchen oder Kissen

Beschäftigung an Bord
- [ ] für Babys: Greiflinge, Knisterpapier, Handpuppen
- [ ] Pixibücher, Malblock und Buntstifte (nicht darauf verlassen, dass es Malzeug umsonst gibt)
- [ ] evtl. Reiselektüre für die Eltern
- [ ] Spiele
- [ ] evtl. Kopfhörer, auch Kinderkopfhörer (Kopfhörer gibt es nicht überall kostenlos)

Technik
- [ ] Mobiltelefon/Smartphone
- [ ] Fotoapparat
- [ ] Tablet-PC, DVD-Player, Laptop
- [ ] MP3-Player mit Hörbüchern für Kinder

Weitere Dinge
- [ ] Schlüssel (Haustürschlüssel, Autoschlüssel)
- [ ] weitere Wertsachen und Dokumente
- [ ] Stift für das Ausfüllen von Einreisedokumenten
- [ ] _____
- [ ] _____

SONDERGEPÄCK

Warum sollten wir Buggy und Autokindersitz nicht aufgeben?

Buggy/Kinderwagen: Vieles spricht dafür, Ihren Kinderwagen nicht als Sondergepäck aufzugeben, sondern ihn bis zum Gate mitzunehmen und erst dort einzuchecken (*gate check-in*): Sie können Ihr Baby oder Kind sicher durch das Gewirr des Flughafens manövrieren, ohne zu befürchten, dass es von unaufmerksamen Fluggästen umgerannt wird. Wenn Ihr Kind bereits läuft, können Sie Ihren Buggy zum Gepäckwagen für Ihr Handgepäck (das mit Baby oder Kind nicht unerheblich sein wird) umfunkti-

onieren. Bei der Sicherheitskontrolle können Sie Ihr Kind im Buggy anschnallen und sicher parken, während Sie alle Gegenstände auf das Gepäckband legen und hinterher wieder verstauen.

Autokindersitz: Autokindersitze sind als Sicherheitsprodukte sehr empfindlich. Die fragilen Plastikschalen halten Stöße nur bis zu einem gewissen Grad aus. Nicht ohne Grund wird empfohlen, nach einem Unfall einen Autokindersitz vorsichtshalber auszutauschen und nie gebrauchte Autokindersitze aus unsicherer Quelle zu kaufen (→ Seite 136).

Sie können davon ausgehen, dass ein Flughafenmitarbeiter mit Ihrem am Gate eingecheckten Autokindersitz oder Kinderwagen pfleglicher umgehen wird, als wenn dieser auf langen Gepäckbändern zusammen mit anderem schweren Sperrgepäck automatisiert in den Tiefen der Flughafenkatakomben verschwindet. Es ist leider keine Seltenheit, dass Autokindersitze und Kinderwagen nach dem Transport mit dem Flugzeug beschädigt am Urlaubsziel ankommen. Auch gehen am Gate eingecheckte Gegenstände seltener auf der Reise verloren.

> ●● ACHTUNG
>
> Eine Garantie dafür, dass Ihr Autokindersitz oder Kinderwagen unbeschädigt ankommt, ist ein *gate check-in* nicht. Wenn Ihnen der Kindersitz oder Kinderwagen direkt am Flugzeug oder an der Flugzeugtür nach dem Flug wieder ausgehändigt wird, ist die Wahrscheinlichkeit groß, dass er eine gewisse Zeit im Freien neben dem Flugzeug steht – auch bei Schnee und Regen. Auch beim *gate check-in* ist somit eine wetterfeste Verpackung unbedingt empfehlenswert (→ *Wie verpacke ich unseren Autokindersitz für einen sicheren Transport im Flugzeug?*, Seite 113).

Kann ich unseren Kinderwagen mit ins Flugzeug nehmen?

Die meisten Fluggesellschaften, auch Billigflieger, gestatten die kostenlose Mitnahme eines zusammenklappbaren Kinderwagens. Dieser kann beim Einchecken als zusätzliches Gepäck aufgegeben oder direkt bis zum Flugzeug mitgenommen werden.

Wenn Sie Ihren Buggy erst an der Flugzeugtür abgeben wollen, erhalten Sie beim Einchecken, spätestens jedoch am Gate, ein Gepäckschild (*label*), das Sie gut sichtbar an Ihrem Buggy befestigen müssen. Am Flugzeug wird der Buggy einem Flughafenmitarbeiter übergeben, der ihn in den Frachtraum bringt. Die Mitnahme eines Buggys in die Passagierkabine ist nicht möglich.

Sie erhalten Ihren Buggy entweder direkt am Flugzeug, am Gate, auf dem Gepäckband oder am Sperrgepäckschalter des Ankunftsflughafens zurück. Wo genau, hängt von der Fluggesellschaft ab. Wenn Sie Ihren Buggy beim Einstieg bis ans Flugzeug mitgenommen haben, wird er meist auch direkt am Flugzeug wieder ausgehändigt. Das kann praktisch sein, aber je nach örtlichen Witterungsbedingungen auch bedeuten, dass ein mit Schnee bedeckter oder völlig durchnässter Buggy am Flugzeug auf Sie wartet.

> **•• TIPP**
>
> Die Regelungen bezüglich der Mitnahme von Kinderwagen, Babyschalen, Reisekinderbettchen und Autokindersitzen variieren je nach Fluggesellschaft. Informieren Sie sich rechtzeitig auf der Webseite der Fluggesellschaft oder bei der Hotline über die geltenden Bestimmungen.

Gepäck

Gelten Kinderwagen, Buggy und Reisebettchen als kostenpflichtiges Sondergepäck?

Die meisten Fluggesellschaften befördern Sondergepäck wie Kinderwagen und Buggys, Reisebettchen und Autokindersitze für Babys und Kleinkinder kostenlos.

Manche Fluggesellschaften begrenzen die Mitnahme von Familiensondergepäck jedoch auf ein Stück pro Kind, einige bieten diesen Service nur für Kinder bis zu einem bestimmten Alter.

Die mitgeführte Babyausrüstung muss vor dem Flug nicht angemeldet werden.

> **•• INFO**
>
> Welche Dinge Familien kostenfrei mitnehmen dürfen, erfahren Sie auf der Webseite Ihrer Fluggesellschaft oder über deren Kunden-Hotline.

Wie verpacke ich unseren Autokindersitz für einen sicheren Transport im Flugzeug?

Wenn Sie den Autokindersitz als Gepäck aufgeben wollen, sollten Sie ihn gut verpacken, damit er unbeschadet am Zielort ankommt. Fixieren Sie alle losen Teile und Gurte am Sitz mit Klebeband, damit sie nirgends hängenbleiben können. Für zusätzlichen Schutz können Sie den Sitz mit Luftpolsterfolie, Handtüchern oder einer Picknickdecke (wenn diese Dinge mit in den Urlaub sollen) umwickeln.

Für manche Kindersitze bieten Hersteller auch spezielle Transporttaschen an. Im Internet gibt es darüber hinaus universelle Transporttaschen, zum Beispiel einen Tragerucksack, mit dem Sie den Autokindersitz bis zum Check-in tragen können. Ein einfacher, großer Schutzsack oder ein reißfester Müllsack tun es in der Regel auch. Umwickeln Sie diese von außen mit einem Transportband oder Koffergurt.

An vielen Flughäfen können Sie Ihre Gepäckstücke (nicht nur den Autokindersitz) bei einem *wrapping service* mit Folie einwickeln lassen. Dies kostet etwa 5 bis 10 Euro pro Gepäckstück. Alternativ dazu können Sie Ihren Autokindersitz mit handelsüblicher Frischhaltefolie umwickeln. Diese entspricht in etwa der teureren (aber auch etwas reißfesteren) Folie, die am Flughafen benutzt wird.

> **•• TIPP**
>
> Versuchen Sie, Ihren Autokindersitz erst am Gate einzuchecken, auch wenn Sie den Kindersitz nicht im Flugzeug benutzen wollen (→ *Warum sollten wir Buggy und Autokindersitz nicht aufgeben?*, Seite 110).

> **•• INFO**
>
> Fluggesellschaften haften nicht für Transportschäden und verweisen darauf, dass es den Passagieren obliegt, ihr Gepäck entsprechend gut für den Transport zu verpacken.

> **•• ACHTUNG**
>
> Heben Sie die Autokindersitz-Verpackung bei Ankunft am Urlaubsort auf. Sie benötigen sie noch für den Rückflug!

EMPFEHLUNGEN

Empfehlungen fürs Familien-Fluggepäck

Familien reisen meist mit vielen Gepäckstücken. Hierauf sollten Sie achten:
- **In die richtigen Koffer investieren:** Mit modernen Rollkoffern können Sie auch schweres Familiengepäck leicht zur

Gepäck

Gepäckaufgabe bringen. Kleinkinder lieben es, auf diesen sitzend durch den Flughafen geschoben zu werden (Hinweis: Rollkoffer sind für diese Nutzung nicht vorgesehen. Halten Sie Ihr Kind gut fest. Durchführung nur auf eigenes Risiko!). In Hartschalenkoffern sind leicht zerbrechliche Gegenstände gut verstaut. Weichschalenkoffer oder Reisetaschen lassen sich flexibler verstauen (zum Beispiel in einem Mietwagen oder Wohnmobil) und verfügen oft noch über zusätzlichen Platz in den Außentaschen. Achten Sie beim Kofferkauf auf die Außenmaße – viele Fluggesellschaften geben eine maximale Kantenlänge pro aufgegebenem Gepäckstück vor. Bei Lufthansa beispielsweise beträgt die maximal erlaubte Kantenlänge (Breite + Höhe + Tiefe) pro Gepäckstück 158 Zentimeter.

- **Koffer auffällig markieren:** Damit Sie am Gepäckband Ihre Koffer schnell identifizieren können, helfen ein paar bunte Aufkleber Ihrer Kinder oder grellfarbene Kofferriemen. Nebeneffekt: Diebe bevorzugen unauffällige, schlichte Gepäckstücke. Auffällige Taschen und Koffer werden so gut wie nie geklaut.
- **Gepäck nicht abschließen:** Diebe werden dadurch normalerweise nicht abgeschreckt und Zollbeamte brechen verschlossene Gepäckstücke im Ernstfall sowieso auf. Wertgegenstände gehören ohnehin nicht in das aufgegebene Gepäck, sondern ins Handgepäck. Für Reisen in die USA können Sie Ihre Koffer mit TSA-Schlössern versehen, die von den Sicherheitsbeamten mit Generalschlüsseln geöffnet werden können.
- **Koffer schon zu Hause wiegen:** Wer am Flughafen Probleme vermeiden möchte, wiegt bereits vor der Anreise zum Flughafen im Hotel oder zu Hause seine Koffer und packt, wenn es sein muss, noch einmal neu. Eine Körperwaage können Sie sich oft im Hotel an der Rezeption ausleihen – allerdings nicht mitten in der Nacht.
- **Familien-Sondergepäck stoß- und wasserfest verpacken** (→ *Wie verpacke ich unseren Autokindersitz für einen sicheren Transport im Flugzeug?*, Seite 113)

Wie können wir unser Fluggepäck vor Verlust schützen?

Leider gehört es zum Flugalltag, dass Gepäckstücke fehlgeleitet werden oder ganz abhandenkommen. Im Jahr 2012 gingen etwa neun Koffer pro 1000 Passagiere verloren. Jeden kann es treffen – insbesondere Familien mit viel Gepäck. Ganz ausschalten können Sie das Risiko des Gepäckverlusts auf einem Flug leider nicht. Durch eine umsichtige Vorbereitung sind Sie jedoch im Ernstfall bestmöglich gewappnet:

- **Alte Gepäckanhänger vom Koffer entfernen:** Um ungewollte Fehlleitungen Ihrer Koffer zu vermeiden, sollten Sie vor dem Check-in alle alten Airline-Gepäckanhänger (*baggage labels*) von Ihren Gepäckstücken entfernen.
- **Wichtige Dinge gehören ins Handgepäck:** Meist finden sich verloren gegangene Gepäckstücke innerhalb von 24 Stunden wieder. Packen Sie also alles, was Sie innerhalb der ersten 24 Stunden am Zielort benötigen, ins Handgepäck. Dazu zählen neben den Reisedokumenten, Geld und Wertsachen insbesondere notwendige Medikamente sowie Babyutensilien.
- **Gepäck aufteilen:** Auch wenn das ungewohnt klingt – verteilen Sie Kleidung, Windeln und Babynahrung gleichmäßig auf alle Gepäckstücke, auch die Kleidung aller mitreisenden Erwachsenen. So stehen Sie nicht völlig ohne da, wenn nur ein Koffer verloren geht.
- **Koffer mit eigenen Adressanhängern versehen:** Zusätzlich zu den Papierlabels mit dem Flughafencode sollten Sie jedes einzelne Gepäckstück, das Sie aufgeben, mit einem eigenen Adressanhänger versehen. Stellen Sie sicher, dass dieser neben der Heimatadresse die Adresse des aktuellen Reiseziels sowie eine gültige (und im Ausland funktionierende) Telefonnummer enthält. Beschriften Sie auch die Innenseiten Ihrer Koffer mit Ihren Kontaktdaten.
- **Kofferinhalt fotografieren:** Schießen Sie ein Foto vom Kofferinhalt mit Ihrem Smartphone, bevor Sie den Koffer-

Gepäck

deckel schließen. Im Ernstfall helfen Ihnen Ihre „Fahndungsfotos" beim Ausfüllen des detaillierten Gepäckverlustmeldeformulars.

- **Gepäckabschnitte aufbewahren:** Überprüfen Sie bei der Gepäckaufgabe, dass Sie für jedes aufgegebene Gepäckstück einen Gepäckabschnitt (*baggage tag*) erhalten haben. Nur unter Vorlage eines Gepäckabschnitts können Sie bei Ihrer Fluggesellschaft eine Verlustanzeige aufgeben und erhalten im Idealfall Ihr Gepäckstück zurück.
- **Kinderwagen:** Buggys und Kinderwagen kommen besonders gerne abhanden oder werden auf dem Flug beschädigt. Wenn Sie können, verzichten Sie auf die Mitnahme eines Kinderwagens oder Buggys. Weichen Sie etwa auf eine Babytrage aus. Einfache Buggys können Sie in fast allen Ländern in Supermärkten oder Babyfachgeschäften für wenige Euro erwerben. Wenn Sie einen Buggy mitnehmen wollen, dann kaufen Sie für Ihre Flugreise ein günstiges Modell, das Sie im Ernstfall schnell und ohne Bauchschmerzen vor Ort ersetzen können.
- **Autokindersitz:** Wer kann, sollte den (oft teuren) Autokindersitz nicht aufgeben, sondern an Bord als Sicherung für sein Kind benutzen. Autokindersitze sind sehr sensibel und können leicht beschädigt werden. Bei größeren Mietwagenfirmen können Sie oft auf Anfrage altersgerechte Autokindersitze mitbuchen. Wer länger im Ausland ist, für den empfiehlt sich der Kauf eines im Land zugelassenen Autokindersitzes vor Ort.
- **Direkt fliegen:** Auf Nonstop-Flügen gehen so gut wie nie Koffer verloren. Wenn möglich, vermeiden Sie Zwischenstopps auf großen internationalen Flughäfen wie London Heathrow, New York JFK oder Singapur. An diesen Drehkreuzen gibt es häufig Logistikprobleme.

Sicherheitskontrolle und Boarding

SICHERHEITSKONTROLLE

Gibt es eine Bevorzugung von Familien bei der Sicherheitskontrolle?

Auf vielen Flughäfen dürfen Familien mit Babys und kleinen Kindern bei der Sicherheitskontrolle die Reihe für Crewmitglieder und Rollstuhlfahrer nutzen. Mit etwas Glück werden Sie von einem netten Sicherheitsbeamten direkt aus der langen Warteschlange herausgewinkt und umgeleitet. Es gibt jedoch keinen Anspruch auf eine Bevorzugung.

> **•• INFO**
>
> Wer den Kinderwagen oder den Buggy mit zum Gate nimmt, hat größere Chancen darauf, dass er die Rollstuhlfahrerreihe – meist mit kürzeren Wartezeiten – nutzen darf.

> **•• TIPP**
>
> Auf manchen ausländischen Flughäfen gibt es sogenannte *family lanes* für Familien. Hier sind die Sicherheitsmitarbeiter besonders auf die Bedürfnisse von Familien geschult. Mitunter ist es Familien auch gestattet, den *fast track* zu benutzen. Lesen Sie die entsprechenden Schilder vor Ort oder fragen Sie einen Flughafenmitarbeiter, ob Sie diese Schlange als Familie benutzen dürfen.

Werden auch Babys bei der Sicherheitskontrolle schon überprüft?

Alle Reisenden, egal welchen Alters, werden vom Sicherheitspersonal kontrolliert. Kinder müssen dabei von einem Sorgeberechtigten begleitet werden. Babys und Kleinkinder, die noch

Sicherheitskontrolle und Boarding

nicht laufen können, tragen Sie, nachdem Sie ihnen Jacke und Schuhe ausgezogen haben, auf dem Arm durch die Torsonde.

> **•• INFO**
>
> Sie müssen nicht befürchten, bei der Sicherheitskontrolle von Ihrem Kind (oder Ihren Kindern) getrennt zu werden. Alles, was hier gemacht wird, unterliegt strengen Richtlinien.

Wie bekomme ich die Trinkflasche meines Kindes durch die Sicherheitskontrolle?

Die Sicherheitsbestimmungen bezüglich Flüssigkeiten im Handgepäck wurden seit 2006 verschärft. Für Babys und Kleinkinder gelten zwar in vielen Fällen Sonderregelungen. Volle Plastikwasserflaschen werden jedoch auf den meisten Flughäfen vom Sicherheitspersonal einkassiert.

Ob Sie die gefüllte Flasche durch die Sicherheitskontrolle am Flughafen bekommen, hängt von den lokalen Regelungen und der Kulanz des Sicherheitspersonals ab. Wenn Sie Glück haben, dürfen Sie die Flaschen gefüllt mitnehmen.

> **•• TIPP**
>
> Gehen Sie offensiv mit dem Thema um und deklarieren Sie die Trinkflasche als Babynahrung an der Sicherheitskontrolle. Falls Sie die Flasche zurücklassen sollen, bitten Sie darum, die leere Flasche ausgehändigt zu bekommen und lassen Sie sie im Flugzeug für Ihr Kind wieder auffüllen (bitte aber nur mit sicherem Flaschenwasser). Dann brauchen Sie nicht jedes Mal, wenn Ihr Kind durstig ist, die Flugbegleiter zu bemühen.

Ist die Mitnahme von größeren Mengen Milch gestattet?

Die von Ihnen mitgeführte Milchmenge muss plausibel sein, das heißt, sie muss der Flugdauer angemessen erscheinen. Wenn Sie also einen 20-stündigen Langstreckenflug mit Baby vor sich haben, werden Ihnen größere Mengen an Flüssigkeit zugestanden als auf einem Zweistundenflug nach Mallorca.

Das Mitführen der Milch in Behältnissen, die die 100-Milliliter-Regel pro Behältnis für Flüssigkeiten übersteigen, sollte für Babynahrung ebenso problemlos möglich sein.

•• INFO

Es kann sein, dass Sie an der Sicherheitskontrolle aufgefordert werden, die Milch zu probieren. Immer mehr internationale Flughäfen setzen mittlerweile moderne Screening-Geräte zum Testen von Babynahrung ein.

•• TIPP

Zeigen Sie ungefragt Ihre gesamte mitgeführte Menge an Flüssigkeiten an der Sicherheitskontrolle vor. Das beschleunigt den Prozess.

Auf einigen internationalen Flughäfen, zum Beispiel in England, besteht die Möglichkeit, telefonisch Babynahrung bei der Flughafendrogerie hinter der Sicherheitskontrolle vorzubestellen. Die von Ihnen bestellten Produkte werden für Sie in der Zweigstelle am Terminal hinterlegt und können dort nach dem Passieren der Sicherheitskontrolle abgeholt werden. Um herauszufinden, ob Ihr Abflughafen einen solchen Service für Familien anbietet, rufen Sie bitte das Informationszentrum Ihres Flughafens an.

Sicherheitskontrolle und Boarding

Wie meistern wir möglichst stressfrei die Sicherheitskontrolle?

Wer mit Kind fliegt, reist normalerweise mit viel Handgepäck. Zusätzlich müssen Sie Ihr Kind im Auge behalten. Mit ein paar Tricks manövrieren Sie Ihr Handgepäck nebst Buggy und Kind stressfrei durch die Sicherheitskontrolle.

- **Zeitplanung:** Oft werden Familien bei der Sicherheitskontrolle bevorzugt behandelt. Verlassen Sie sich aber nicht darauf! Insbesondere auf großen Flughäfen, aber auch an Flughäfen, von denen Billigflieger starten, müssen Sie mitunter mit sehr langen Wartezeiten an der Sicherheitskontrolle rechnen. Planen Sie entsprechend viel Zeit – der Frankfurter Flughafen empfiehlt drei Stunden – für die Sicherheitskontrolle ein.
- **Lose Kleinteile:** Ihren Buggy oder Kinderwagen müssen Sie an der Sicherheitskontrolle wahrscheinlich komplett zusammenfalten. Im Idealfall haben Sie alle Fächer und Taschen am Buggy leergeräumt. Verstauen Sie auch andere Kleinteile bereits vor der Sicherheitskontrolle in Taschen.
- **Überbekleidung:** Schlüssel, Mobiltelefone, Kleingeld und auch die Reisedokumente können Sie in Ihrer Jackentasche belassen. Ihre Jacke müssen Sie an der Sicherheitskontrolle ausziehen und zum Röntgen in einen Korb legen.
- **Plastikbeutel und Kindernahrung:** Legen Sie Ihre verschlossenen Plastikbeutel mit Flüssigkeiten, Wasserflaschen sowie etwaige mitgeführte Kindernahrung ungefragt in einen Korb. Seien Sie darauf vorbereitet, dass Sie Flüssigkeiten eventuell vor dem Sicherheitspersonal probieren müssen.
- **Laptops und Fotoausrüstung:** Ihren Laptop müssen Sie aus der Tasche auspacken und gesondert in einen Korb legen. Die hochwertige Fotoausrüstung sollten Sie ebenfalls gesondert vorzeigen. Normale Pocketkameras und elektronische Lesegeräte können im Handgepäck verbleiben.
- **Kinderwagen:** Je nach Flughafen und Kinderwagengröße müssen Sie diesen komplett zusammenklappen, damit er

durch das Röntgengerät geschoben werden kann, oder einem Sicherheitsmitarbeiter übergeben, der ein gesondertes Screening durchführt. Zwillingskinderwagen werden aufgrund der Größe immer per Hand geprüft. Planen Sie hierfür extra Zeit ein. Nach erfolgter Kontrolle erhalten Sie den Kinderwagen hinter der Sicherheitskontrolle wieder ausgehändigt.

- **Autokindersitz:** Alles, wirklich alles, muss durch den Handgepäckdetektor.
- **Babytrage:** Wenn Sie Ihr Kind in einer Babytrage tragen, rechnen Sie damit, dass Sie Ihr Kind aus der Trage nehmen und die Babytrage durch das Gepäckröntgengerät schicken müssen. Dabei ist es egal, ob Ihr Baby gerade schläft. Bevorzugen Sie eine Babytrage, die Sie unkompliziert an- und ablegen können. Ein meterlanges Tragetuch ist für eine Flugreise und die Sicherheitskontrolle recht unpraktisch.
- **Schuhe:** Auf manchen Flughäfen müssen Sie Ihre Schuhe, manchmal auch Ihre Hosengürtel, ausziehen und mit auf das Band legen.
- **Torsonde:** Nehmen Sie Ihr Baby aus dem Buggy und tragen Sie es durch die Torsonde. Wenn der Detektor anschlägt, gehen Sie zurück und übergeben Ihr Baby einem mitreisenden Erwachsenen (oder einer Sicherheitsbeamtin, wenn Sie allein reisen) und gehen nochmals allein durch die Torsonde. Wenn Ihr Kind bereits laufen kann, dann lassen Sie es möglichst allein durch die Torsonde laufen. Dafür sollte ein Elternteil zuerst durch die Torsonde gehen, um Ihr Kind von der anderen Seite aus zum Hindurchgehen zu ermutigen. Wenn Sie allein mit Ihrem Kind reisen, sollten Sie Ihr Kind dazu ermutigen, zuerst durch das Tor zu gehen. Falls der Detektor dann bei Ihnen anschlägt, haben Sie Ihr Kind im Blick, während Sie nochmals überprüft werden.
- **Kleidung:** Schneller durch die Sicherheitskontrolle kommen Sie, wenn Sie einen Pullover anstatt einer Jacke tragen. Diesen müssen Sie im Regelfall nicht auszuziehen. Schuhe mit Klettverschluss oder Slipper können Sie schnell aus- und wieder

anziehen. Verzichten Sie auf einen Gürtel (oder packen Sie ihn ins Handgepäck).
- **Babys:** Auch Babys müssen Überbekleidung und oftmals auch die Schuhe ausziehen.

> ## •• TIPP
>
> Wenn Sie allein reisen oder sich überfordert fühlen, bitten Sie das Sicherheitspersonal um Unterstützung. Wenn Ihr Kind nicht fremdelt, kann eine Sicherheitsbeamtin Ihr Baby kurz halten, während Sie alle Gegenstände wieder in Ihre Taschen packen.
>
> ---
>
> Sie können Ihr Kind auf die fremde Situation vorbereiten, indem Sie ihm im Vorfeld genau erklären, was bei der Sicherheitskontrolle passiert. Machen Sie ein Rollenspiel daraus und lesen Sie ein altersgerechtes Flughafenbuch, in dem auch die Sicherheitskontrolle behandelt wird (→ *Wie kann ich mein Kind auf den Flug vorbereiten?*, Seite 56).
>
> ---
>
> Egal was passiert – bleiben Sie ruhig! Geraten Sie in Stress, wird sich dies unweigerlich auf Ihr Kind übertragen und die Gesamtsituation verschlimmern. Wenn Sie das Gefühl haben, dass die Situation Ihr Kind überfordert, bitten Sie das Sicherheitspersonal um ein privates Screening.
>
> ---
>
> Halten Sie auf US-amerikanischen Flughäfen Ausschau nach der *family and special assistance lane* mit extra geschultem Sicherheitspersonal. Diese spezielle Reihe befindet sich oft am Rande des Sicherheitsbereiches. Ein grünes Schild kennzeichnet diese Reihe. Wenn Sie ein solches Schild sehen, sollten Sie sich dort anstellen.

Sicherheitskontrolle und Boarding

BOARDING

Bieten alle Fluggesellschaften Preboarding für Familien an?

Nein, im Gegenteil: Immer mehr Fluggesellschaften, vor allem US-amerikanische Airlines, schaffen diese Sonderbehandlung von Familien beim Boarding ab. Bei Billigfluggesellschaften gibt es bevorzugtes Einsteigen nur gegen Gebühr und Vorbestellung.

> **•• TIPP**
>
> Nachfragen lohnt sich! Wenn Sie mit Baby und viel Handgepäck reisen und frühzeitig einsteigen möchten, können Sie vor Beginn des Boardings einen Gate-Mitarbeiter ansprechen und um ein bevorzugtes Boarding bitten. Oft wird Ihnen dieser Wunsch auch bei Fluggesellschaften, die offiziell diesen Service nicht oder nicht mehr anbieten, erfüllt.

Welche Familienkonstellation qualifiziert uns für ein Preboarding?

Wenn Preboarding für Familien angeboten wird, dann werden im Regelfall zuerst Familien mit Säuglingen und Babys an Bord gelassen. An zweiter Stelle dürfen Familien mit älteren Kindern, oftmals bis ins Grundschulalter, einsteigen. Alle begleitenden Erwachsenen, auch Großeltern oder Bekannte, profitieren in diesem Fall von der bevorzugten Behandlung.

Es besteht kein Anspruch auf ein Preboarding – es liegt allein an der Fluggesellschaft und dem Gutdünken der Mitarbeiter am Gate, ob Sie mit Ihrer Familie zuerst einsteigen dürfen.

> **•• TIPP**
>
> Manche Fluggesellschaften beschäftigen Mitarbeiter, die im Wartebereich gezielt Familien identifizieren, ansprechen und sie früher einsteigen lassen. Achten Sie zusätzlich auf die Lautsprecherdurchsagen am Gate und halten Sie sich möglichst in der Nähe des *gate check-in*-Schalters auf. Oft gibt es eine Durchsage für Familien mit kleinen Kindern mit der Aufforderung, zuerst einzusteigen, sobald das Boarding beginnt.
>
> ---
>
> Seien Sie frühzeitig am Gate. Denn sobald das reguläre Boarding begonnen hat, müssen Sie sich mit Ihrer Familie ganz normal hinten anstellen.

Sollten wir als Familie das Preboarding nutzen?

Das ist Geschmackssache. Wer zuerst einsteigt, hat mehr Zeit und Raum, um in aller Ruhe seinen Sitzplatz zu finden, das Handgepäck zu verstauen, das mitgebrachte Kinderrückhaltesystem zu installieren, die Buntstifte und den Malblock herauszukramen und das Kind auf dem Sitzplatz anzuschnallen. Nachteil: Der Aufenthalt im Flugzeug und somit die Zeit, wo still gesessen werden muss, verlängert sich. Viele Kinder finden das wenig reizvoll und beginnen bereits vor dem Start zu quengeln.

Nichtsdestotrotz sollten Alleinreisende mit Kind(ern) von der Möglichkeit des Preboardings Gebrauch machen. Wer mit mehr als einem Erwachsenen reist, der kann sich aufteilen: Ein Erwachsener nutzt das Preboarding nebst Handgepäck und Autokindersitz, während der andere Elternteil mit den Kindern am Gate bleibt und möglichst zuletzt einsteigt, um die Zeit im engen Flugzeug zu minimieren.

Sicherheitskontrolle und Boarding

Welche Dinge Sie am Gate erfragen und erledigen sollten

- **Preboarding:** Fragen Sie, ob es für Sie – oder für Teile Ihrer Familie – die Möglichkeit des Preboardings gibt, auch wenn dieser Service offiziell von der Fluggesellschaft nicht angeboten wird.
- **Vielflieger:** Wenn Sie Vielfliegerststus bei Ihrer Fluggesellschaft haben, fragen Sie, ob es bevorzugtes Einsteigen für Vielflieger gibt.
- **Buggy/Kinderwagen:** Haben Sie nicht schon bereits beim Check-in Gepäckanhänger (*baggage labels*) für Ihren Kinderwagen erhalten, bitten Sie das Personal am Gate, Ihnen entsprechende Gepäckschilder auszuhändigen. Sie müssen jetzt normalerweise Ihren Buggy oder Kinderwagen zusammenfalten und dem Personal am Gate übergeben. Vergessen Sie nicht, alle Taschen des Kinderwagens zu leeren.
- **Toilettengang:** Rechtzeitig bevor das Boarding beginnt, sollte die gesamte Familie (auch die Eltern!) noch einmal das WC aufsuchen. Windelkinder sollten jetzt noch einmal gewickelt werden.
- **Austoben:** Wenn noch Zeit ist, ermöglichen Sie Ihren Kindern etwas Bewegung, bevor es in das enge Flugzeug geht. In manchen Abflugbereichen am Gate gibt es extra Spielbereiche für Kleinkinder, inklusive Kletterturm und Rutsche.
- **Notration kaufen:** Falls noch nicht geschehen, sollten Sie jetzt eine Extraration an kindgerechter Nahrung für den Flug erstehen. Wenn Ihr Kind das Kindermenü verschmäht (oder es versehentlich nicht geladen wurde), können Sie auf Ihre Notration zurückgreifen. Müsliriegel, Obst und Salzstangen sind beliebt. Vermeiden Sie nach Möglichkeit zuckerreiche Snacks.

•• TIPP

Wenn Sie ganz sichergehen wollen, dass Sie Ihren Kinderwagen trocken und weitgehend sauber wieder zurückerhalten, sollten Sie ihn am Gate in einen großen Plastiksack stecken. Das Gepäckschild muss dann natürlich sicher und fest am Plastiksack angebracht werden.

Gehen Sie nicht zu spät zum Wickelraum. Mitunter befinden sich diese nicht direkt an Ihrem Abfluggate, sondern im schlechtesten Fall ein paar Gehminuten entfernt.

An Bord

SICHERE KINDERRÜCKHALTESYSTEME

Welche sicheren Kinderrückhaltesysteme gibt es?

Als sichere Kinderrückhaltesysteme (KRS) gelten von der Fluggesellschaft genehmigte Autokindersitze sowie Hosenträgergurte. Die von vielen Fluggesellschaften zur Verfügung gestellten Schlaufengurte sowie die Variante, Ihr Baby ausschließlich mit Ihren Händen gesichert auf dem Schoß zu halten, können für Ihr Baby lebensgefährlich sein.

Abhängig von der Größe und dem Alter Ihres Kindes gibt es verschiedene Möglichkeiten:

- Babys bis zu einem Alter von etwa zwei Jahren fliegen am sichersten in einem von der Fluggesellschaft zur Nutzung im Flugzeug zugelassenen Autokindersitz.
- Für Kinder zwischen einem Jahr und vier Jahren, einem Körpergewicht von 10 bis 20 Kilogramm und einer maximalen Größe von 1 Meter ist das CARES-Gurtsystem ideal. Alternativ bietet sich ein zugelassener Kindersitz für ältere Kinder bis zu einem Alter von etwa sieben Jahren an. (Die Zulassung variiert je nach Fluggesellschaft.)
- Sobald Ihr Kind größer als 1,25 Meter ist, ist es mit dem regulären Flugzeug-Beckengurt ausreichend gesichert.

> **INFO**
>
> Fast keine Fluggesellschaft hält für ihre kleinen Gäste sichere Anschnallmöglichkeiten bereit. Für die Sicherheit Ihres Kindes während des Fluges müssen Sie also selbst Sorge tragen (→ *Welche Autokindersitze sind für die Nutzung im Flugzeug zugelassen?*, Seite 133).

An Bord

> **•• TIPP**
>
> Buchen Sie einen eigenen Sitzplatz für Ihr Kind (das ist auch für unter zweijährige Kinder möglich, → *Wie kann ich einen eigenen Sitzplatz für unser Baby buchen?*, Seite 44) und nehmen Sie ein, dem Alter und der Größe Ihres Kindes entsprechendes Kinderrückhaltesystem mit an Bord.
>
> ---
>
> Zum Weiterlesen im Internet: *Schlaufengurt, Autokindersitz, Hosenträger-Gurtsystem – Wie fliege ich sicher mit meinem Baby oder Kleinkind? (Entscheidungshilfe)* (12)

FLIEGEN MIT BABY/KIND AUF DEM SCHOSS

Stimmt es, dass es gefährlich ist, mit einem Baby auf dem Schoß zu fliegen?

Ja. Wenn Sie Ihr Baby auf dem Schoß halten, kann dies für Ihr Baby lebensgefährlich sein. Bei Turbulenzen, plötzlicher Abbremsung während der Fahrt über das Rollfeld sowie bei Start- und Landeabbrüchen - alles Situationen, die zum Flugalltag gehören - kann Ihr Baby schwere innere Verletzungen erleiden oder im schlimmsten Fall sogar von Ihnen zu Tode gequetscht werden.

Europäische Fluggesellschaften verlangen von Eltern, ihr Baby auf dem Schoß mit einem von der Fluggesellschaft gestellten Schlaufengurt (*loop belt*) am eigenen Beckengurt zu befestigen. Laut TÜV Rheinland werden damit jedoch im Ernstfall lediglich Mitreisende vor herumfliegenden Babys geschützt.

In den USA ist der Schlaufengurt aufgrund seiner Gefährlichkeit nicht zugelassen. Auch in Europa war er deshalb viele Jahre lang verboten. Wenn Sie mit einer US-amerikanischen Fluggesellschaft fliegen, gibt es keinen Schlaufengurt. Hier müssen Sie Ihr Baby mit Ihren Händen festhalten (was allerdings im Fall des Falles für ein Baby auch nicht viel sicherer ist).

Wie funktioniert das, wenn mein Baby auf meinem Schoß mitfliegt?

Wenn Sie sich entschieden haben, für Ihr Baby keinen eigenen Sitzplatz zu buchen, müssen Sie Ihr Baby während des gesamten Fluges auf dem Schoß halten. Wenn das Flugzeug ausgebucht ist, sind Sie dann auf einen sehr engen Raum begrenzt.

Mit pflegeleichten kleinen Babys, die eigentlich nur schlafen und gestillt werden wollen, ist dies durchaus auch auf längeren Flügen zu bewerkstelligen. Wenn Sie rechtzeitig ein Babybassinet für Ihr Baby reserviert (und somit einen begehrten Platz in der Eltern-Kind-Reihe ergattert) haben, können Sie dort Ihr Baby während eines ruhigen Fluges ablegen (→ *Wie reserviere ich ein Babybassinet für mein Kind?*, Seite 140).

Größere Babys passen nicht mehr in das Babybassinet. Sie müssen auf dem Schoß gehalten werden. Wenn Ihr Kind groß, schwer und schon sehr aktiv ist, kann ein Flug mit Ihrem Baby auf dem Schoß sehr anstrengend sein, insbesondere auf mehrstündigen Flügen.

●● TIPP

Mitfliegen auf dem Schoß kann für das Baby lebensgefährlich sein. Scheuen Sie nicht die Mehrkosten und buchen Sie einen eigenen Sitzplatz für Ihr Baby. Der höhere Komfort sowie die erhöhte Sicherheit sind es wert (→ *Warum sollten wir einen eigenen Sitzplatz für unser Baby buchen?*, Seite 43).

Darf ich mein Kind während des Starts und der Landung auf den Schoß nehmen?

Je nach Alter Ihres Kindes gelten unterschiedliche Bestimmungen:
- **Babys und Kinder unter zwei Jahren:** Babys und Kleinkinder unter zwei Jahren ohne eigenen Sitzplatz *müssen* bei Start, Landung und bei Turbulenzen auf dem Schoß eines Erwach-

senen sitzen und werden dort mit dem Schlaufengurt am Sicherheitsgurt des Erwachsenen befestigt. Achtung: Diese Regelung gilt nicht, wenn Sie für Ihr Baby einen eigenen Sitzplatz gebucht haben und es dort mit einem zugelassenen Kinderrückhaltesystem (KRS) gesichert sitzt.
- **Kinder über zwei Jahren:** Kinder, die älter als zwei Jahre sind, *dürfen nicht* bei Start, Landung und bei Turbulenzen auf den Schoß genommen werden. Über zweijährige Kinder *müssen* auf ihrem eigenen Sitzplatz sitzen.

●● TIPP

Herkömmliche Sicherheitsgurte in Flugzeugen sind für Menschen ab einer Körpergröße von 1,25 Meter konzipiert. Damit Ihr Baby oder Kind sicher fliegt, empfiehlt sich die Mitnahme eines geeigneten und von der Fluggesellschaft zugelassenen KRS.

●● ACHTUNG

Wenn Ihr Baby auf einem eigenen Sitzplatz mit einem KRS gesichert sitzt, dann dürfen Sie es während der sicherheitskritischen Phasen wie Start, Landung und während Turbulenzen *nicht* abschnallen und auf den Schoß nehmen – auch nicht auf Anweisung des manchmal schlecht geschulten Flugpersonals.

FLIEGEN MIT AUTOKINDERSITZ

Welche Autokindersitze sind für die Nutzung im Flugzeug zugelassen?

Der TÜV Rheinland prüft und qualifiziert im Auftrag des Luftfahrt-Bundesamtes Kinderrückhaltesysteme für Kinder im Flugzeug. Sitze, die die Prüfung bestanden haben, erhalten das TÜV-Rheinland-Prüfzeichen *„for use in aircraft"*. Eine aktuelle Liste aller zugelassenen Autokindersitze gibt es auf der *Webseite des TÜV Rheinland* (13).

Folgende Autokindersitze sind vom TÜV Rheinland für die Nutzung im Flugzeug zugelassen (Stand: Januar 2014):

Hersteller	Modell	Gruppe
Bébé Confort	Pebble	0+
Concord	Ion	0+
Eitel Plastic	Luftikid	I/II
Kiddy	Comfort Pro	I/II/III
Kiddy	Discovery Pro	II/III
Kiddy	Guardian Pro	I/II/III
Kiddy	Guardian Pro2	I/II/III
Kiddy	Cruiserfix Pro	II/III
Kiddy	Energy Pro	I
Kiddy	Phoenix Pro	I
Kiddy	Phoenixfix Pro	I
Kiddy	Phoenixfix Pro 2	I
Kiddy	Guardian Fix Pro	I/II/III
Kiddy	Guardian Fix Pro2	I/II/III
Maxi Cosi	Citi (SPS)	0+
Maxi Cosi	Mico	0+
Maxi Cosi	Pebble	0+
Römer	Baby Safe Plus / B06	0+
Römer	Eclipse	I
Römer	Baby Safe Plus SHR	0+
Römer	King QuickFix	I
Storchenmühle	Maximum	0

Quelle: TÜV Rheinland

An Bord

> **•• TIPP**
>
> Nicht alle vom TÜV Rheinland geprüften Kindersitze sind gut und noch im Handel erhältlich. Die Stiftung Warentest führt regelmäßig in Zusammenarbeit mit dem ADAC aufwendige Tests von neuen Autokindersitzen durch. Um den optimalen Kindersitz für Ihr Kind zu finden, empfiehlt es sich, vor dem Kauf eines neuen Autokindersitzes die Testergebnisse mit der TÜV-Rheinland-Liste abzugleichen. Zum Weiterlesen im Internet: *Welche guten Autokindersitze sind für Kinder im Flugzeug zugelassen?* (4)

Gestatten alle Fluggesellschaften die Nutzung von Autokindersitzen im Flugzeug?

Leider nein. Obwohl die meisten Fluggesellschaften mittlerweile die Nutzung von selbst mitgebrachten Autokindersitzen im Flugzeug erlauben, gibt es immer noch Ausnahmen, zum Beispiel Ryanair.

> **•• TIPP**
>
> Bevor Sie einen Flug buchen, erkundigen Sie sich auf der Webseite der Fluggesellschaft über die gültigen Bestimmungen zur Mitnahme und Nutzung von Kindersitzen in der Fluggastkabine.

> **•• ACHTUNG**
>
> Wenn Sie mit Autokindersitz fliegen wollen, stellen Sie sicher, dass die Nutzung auf allen Flugabschnitten Ihrer Reise erlaubt ist. Besonders aufpassen müssen Sie bei Codesharing-Flügen und Pauschalflügen, bei denen Flugabschnitte von verschiedenen Fluggesellschaften durchgeführt werden (→ *Was müssen wir bei Buchung von Codesharing-Flügen und Pauschalreisen beachten?*, Seite 51).

Kann ich einen alten, nicht mehr hergestellten Autokindersitz mit TÜV-Siegel weiterhin im Flugzeug nutzen?

Besser nicht. Ältere Autokindersitze mit dem TÜV-Rheinland-Prüfzeichen *„for use in aircraft"*, die nicht mehr produziert werden, dürfen zwar – zumindest theoretisch – unabhängig von ihrem Alter weiterhin in Flugzeugen benutzt werden. Da aber Kindersitze, die älter als sechs Jahre sind, im Auto nicht mehr zur Sicherung eines Kindes benutzt werden sollten, sollten Sie alte Autokindersitze zur Kindersicherung im Flugzeug ebenfalls nicht mehr verwenden.

> **•• INFO**
>
> In Deutschland gibt es für Hersteller keine Pflicht zur Angabe eines Haltbarkeitsdatums eines Autokindersitzes. Und dies, obwohl Autokindersitze enormen Anforderungen gerecht werden müssen. Durch UV-Einstrahlung, Temperaturschwankungen und regelmäßige Nutzung ermüden die Kunststoffe, aus denen Sitzschalen, Gurte und Gurtanker bestehen, im Laufe der Jahre.
>
> ---
>
> In den USA sind alle Autokindersitze mit einer begrenzten Haltbarkeit versehen, die im Regelfall zwischen sechs und zehn Jahren liegt. Fachleute empfehlen, unfallfreie Autokindersitze nach sechs bis acht Jahren auszutauschen.

Kann ich einen gebrauchten Kindersitz mit Flugzeugzulassung kaufen?

Im Internet werden für gebrauchte Autokindersitze mit Flugzeugzulassung teils hohe Preise gezahlt. Jedoch ist grundsätzlich vom Kauf eines gebrauchten Autokindersitzes von Fremden abzuraten.

An Bord

Bei nicht mehr hergestellten Kindersitzmodellen kommt hinzu, dass diese in Tests von ADAC und Stiftung Warentest eher schlechte Bewertungen erhalten haben. Folgende veraltete Autokindersitze sollten aufgrund der schlechten Testbewertungen auch für den Gebrauch im Flugzeug nicht mehr erworben werden:
- Maximum von Storchenmühle (getestet mit „ausreichend", 2009)
- Mico von Maxi Cosi (getestet mit „ausreichend", 2001)
- King QuickFix von Britax Römer (getestet mit „befriedigend", 2003)

> **•• INFO**
>
> Gegen den Kauf oder das Ausleihen eines gebrauchten Kindersitzes aus vertrauenswürdiger Quelle, beispielsweise von guten Freunden oder von Familienmitgliedern, ist generell nichts einzuwenden, solange der Autokindersitz unfallfrei, nicht älter als vier Jahre ist und den geltenden Anforderungen für die Nutzung im Flugzeug entspricht.

Auf welchen Sitzen darf ein Autokindersitz im Flugzeug angebracht werden?

Bei jeder Fluggesellschaft gelten andere Bestimmungen. Bei Airberlin beispielsweise darf ein mitgebrachter Kindersitz nur auf ausgewählten Sitzplätzen benutzt werden, wobei der Kindersitz vor dem Flug bei Airberlin angemeldet und von der Fluggesellschaft rückbestätigt werden muss. Bei den meisten Fluggesellschaften ist eine vorherige Anmeldung jedoch nicht notwendig, solange es sich um einen von der entsprechenden Fluggesellschaft für die Nutzung im Flugzeug zugelassenen Autokindersitz handelt. Bei den meisten Fluggesellschaften gelten folgende Richtlinien:
- Wenn es nur einen Mittelgang im Flugzeug gibt, muss der Kindersitz auf einem Fensterplatz befestigt werden.

- In Flugzeugen mit zwei Gängen gibt es zwei Möglichkeiten: Hier darf der Autokindersitz entweder auf einem Fensterplatz oder auf dem mittleren Platz der mittleren Sitzreihe installiert werden.
- Autokindersitze dürfen nicht auf Sitzen, die rückwärts oder seitwärts gerichtet sind, benutzt werden.
- In der Notausgangsreihe und oft auch in den Reihen davor und dahinter sind Kindersitze nicht erlaubt.

•• TIPP

Informieren Sie sich unbedingt frühzeitig über die geltende Regelung Ihrer Fluggesellschaft und melden Sie, wenn notwendig, Ihren Autokindersitz rechtzeitig an. Nehmen Sie einen Papierausdruck der Rückbestätigungs-E-Mail mit ins Flugzeug.

Können mir die Flugbegleiter beim Einbau des Kindersitzes im Flugzeug helfen?

Die Wahrscheinlichkeit ist gering. Flugbegleiter sind in Bezug auf mitgebrachte Kindersitze meist schlecht bis gar nicht geschult. Und das, obwohl das grundsätzliche System bei allen identisch ist und es in Deutschland derzeit eine sehr übersichtliche Anzahl von für das Flugzeug zugelassenen Autokindersitzen gibt.

Rechnen Sie aber damit, dass man Sie fragen wird, ob der Kindersitz das Prüfsiegel für die Zulassung im Flugzeug hat. Fast immer werden Sie es vorzeigen müssen.

•• TIPP

Seien Sie auf schlecht geschulte Flugbegleiter vorbereitet und nehmen Sie unbedingt einen „Beleg" dafür mit, dass die Fluggesellschaft die Nutzung des von Ihnen mitgebrachten Kindersitzes zulässt. Das kann ein Papierausdruck der entsprechenden Webseite der Fluggesellschaft oder eine schriftliche Bestätigung vom Kundenservice sein.

An Bord

> **•• TIPP**
>
> Machen Sie sich schon zu Hause vertraut damit, wie der Kindersitz auf dem Flugzeugsitz zu befestigen ist. Dann ist dies im Flugzeug für Sie weniger stressig.

SCHLAFEN

Was ist ein Babybassinet?

Ein Babybassinet (auch Babybettchen oder Babykörbchen) ist ein kleines, mobiles Bettchen, in dem Säuglinge während des Fluges schlummern können. Diese speziellen Bettchen werden nach dem Start von den Flugbegleitern an der Trennwand (*bulkhead*) in den Eltern-Kind-Reihen vor dem Sitz des mitreisenden Elternteils aufgehängt und vor der Landung wieder abgebaut.

> **•• INFO**
>
> Während des Starts und der Landung sowie bei Turbulenzen müssen Sie Ihr Baby aus dem Körbchen nehmen und mit dem Schlaufengurt an Ihrem Sicherheitsgurt auf Ihrem Schoß fixieren. Bei amerikanischen Fluggesellschaften müssen Sie Ihr Baby einfach nur auf dem Schoß halten.

Bis zu welchem Alter können Babys im Babybassinet schlafen?

Jede Fluggesellschaft hat ihre eigenen Regeln. Bei Airberlin beispielsweise dürfen nur Babys bis zu einem Alter von zwölf Monaten ein Nickerchen im Körbchen machen. Andere Fluggesellschaften schauen hingegen nicht auf das Alter, sondern auf das Gewicht und die Größe des Säuglings. Babys, die beispielsweise im Babybassinet auf einem Lufthansaflug schlummern

sollen, dürfen maximal 14 Kilogramm wiegen und nicht größer als 83 Zentimeter sein.

> **•• TIPP**
>
> Auch hier gilt: anrufen und nachfragen, wie die aktuellen Regelungen lauten.

Auf welchen Flügen gibt es Babybassinets?

Babybassinets gibt es nur auf Mittel- und Langstreckenflügen bei Linienflug- und Pauschalfluggesellschaften. Billigflieger wie Ryanair bieten keine Babybassinets an.

> **•• INFO**
>
> Babybassinets gibt es oft nur in der Economy Class. Falls Sie in der First Class oder Business Class reisen, kontaktieren Sie vor der Flugbuchung die Fluggesellschaft und fragen Sie nach!

Wie reserviere ich ein Babybassinet für mein Kind?

Wer zuerst reserviert, bekommt den Zuschlag. Es besteht kein Anspruch auf die Zuteilung eines Babybassinets, denn die Anzahl an Babybettchen pro Flug ist begrenzt.

Wenn Sie auf einem Flug für Ihr Baby ein Babybassinet reservieren möchten, dann sollten Sie das möglichst frühzeitig, am besten gleich bei Buchung, erledigen. Rufen Sie die Hotline der Fluggesellschaft an oder bitten Sie den Reisebüromitarbeiter um Hilfe. Lassen Sie sich die Bettchenreservierung schriftlich bestätigen.

Die Reservierung eines Babybassinets ist kostenlos.

An Bord

> **•• INFO**
>
> Meist können Babybassinets noch bis zu 24 Stunden vor Abflug über die Hotline der Fluggesellschaft reserviert werden (Verfügbarkeit vorausgesetzt).

Manche Eltern verabreichen ihren Kindern während eines Langstreckenfluges ein Beruhigungsmittel. Ist das unbedenklich?

Obwohl die Idee verlockend ist, raten die meisten Kinderärzte davon ab, Kinder mithilfe von Beruhigungs- und Schlafmitteln während eines Fluges „ruhigzustellen". Bei allen auf dem Markt rezeptfrei erhältlichen Medikamenten, die Kinder „beruhigen" können, handelt es sich um Antihistaminika oder Erkältungsmittel, die als Nebenwirkung – und davon gibt es reichliche – Müdigkeit hervorrufen können. Diese Medikamente sind ausschließlich als Allergie- bzw. Erkältungsmedikamente getestet und zugelassen.

Die Gabe eines solchen Mittels kann auch das Gegenteil der gewünschten Wirkung haben: Dann kommt es nämlich zu einer „paradoxen Reaktion" wie Unruhe, Schlaflosigkeit, zu Angstzuständen oder Zittern. Darüber hinaus gibt es weitere mögliche Auswirkungen auf das zentrale Nervensystem, von denen vor allem Babys und Kleinkinder betroffen sein können: von Halluzinationen, Krämpfen über Verstopfung bis hin zu Herzrhythmusstörungen.

Mit Pech haben Sie also anstelle eines friedlich schlummernden Kindes am Ende ein hyperaktives, nörgeliges Kind. Überdies hält der Effekt eines Antihistaminikums meist nur vier bis sechs Stunden an – einen Langstreckenflug können Sie damit nicht überbrücken.

Gibt es natürliche Beruhigungsmittel für mein Baby?

Um ihr Kind auf langen Flügen zu beruhigen oder ihm beim Einschlafen zu helfen, versuchen es viele Eltern mit „natürlichen" Beruhigungsmitteln wie Baldrian, Bachblüten-Notfalltropfen oder homöopathischen Mitteln.

Auch das ist problematisch: **Baldrian** zum Beispiel beruhigt nur, wenn er ausreichend dosiert ist, mindestens 600 Milliliter Baldrianauszug muss man pro Tag einnehmen. Und: Die Wirkung setzt erst nach einer Einnahme über zwei bis vier Wochen ein. Während die meisten apothekenpflichtigen Beruhigungsmittel nur über kurze Zeit genommen werden dürfen, um eine Gewöhnung zu vermeiden, ist es bei pflanzlichen Schlafmitteln also genau andersherum.

Einen enorm guten Ruf hat unter deutschen Eltern das Medikament **Viburcol** – dabei handelt es sich „nur" um ein homöopathisches Kombi-Präparat. Der Vorteil: Hier kann man prinzipiell nichts falsch machen, entweder es wirkt tatsächlich beruhigend (und fiebersenkend) oder eben nicht. Homöopathika haben keine Nebenwirkungen. Aus einer streng homöopathischen Sicht könnte man nun argumentieren, dass ein Kombinationspräparat, das ohne Ansehen des individuellen „Patienten" gegeben wird und dann noch, bevor dieser überhaupt erkrankt ist (denn die Zäpfchen werden ja bereits vorbeugend gegeben), schwerlich wirken kann.

Andererseits ist der **Placebo-Effekt** nicht zu verachten, dessen Wirksamkeit tatsächlich klinisch erwiesen ist: Enorm viele Eltern berichten im Internet, wie sie ihren Babys und Kleinkindern voller Sorge vor einem langen Flug oder einer langen Fahrt ein Viburcol-Zäpfchen gaben, woraufhin die Kleinen entspannt alles verschliefen.

Da Kinder extrem feinfühlig auf die Stimmung ihrer Eltern und ihrer Umgebung reagieren, ist es durchaus naheliegend, dass ein homöopathisches Zäpfchen oder **Notfalltropfen**, deren Wirkung

An Bord

wissenschaftlich nicht belegt ist, vor allem die Eltern beruhigen – und darüber dann auch das Kind.

Wie kann mein Kind an Bord am besten schlafen?

Für Babys bis zu einem Gewicht von etwa 12 bis 14 Kilogramm und 80 Zentimeter Größe können Sie auf Langstreckenflügen ein Babybassinet (Babykörbchen) reservieren (→ *Was ist ein Babybassinet?*, Seite 139). Auf ruhigen Flügen ist das eine entspannte Angelegenheit für Eltern und Baby. Sobald aber das Anschnallzeichen aufleuchtet – und das kommt eigentlich auf jedem Langstreckenflug einmal vor – müssen Sie Ihr Baby aus dem Körbchen nehmen und mit dem Schlaufengurt auf Ihrem Schoß befestigen, egal ob es gerade schläft.

Verlockend ist es, das Kind auf einer Decke mit Kopfkissen auf dem Fußboden im Fußraum vor Ihrem Sitz schlafen zu lassen. Meist geht dies unbemerkt durch, obwohl es für Ihr Kind potenziell gefährlich ist. Im Fall eines Druckabfalls an Bord würde Ihr Kind auf dem Fußboden keine Luft mehr bekommen. Die Sauerstoffmasken reichen nicht bis zum Fußboden.

Am und sichersten schlafen Kinder auf einem eigenen Sitzplatz, angeschnallt und gut gepolstert mit Kissen und Decke.

> **•• INFO**
>
> Die Armlehnen der Sitze in der Eltern-Kind-Reihe, also der Reihe direkt vor einer Trennwand, lassen sich nicht nach oben klappen, weil in diesen die Klapptische verstaut sind. Mit größeren Kindern mit eigenem Sitzplatz reisen Sie mitunter in normalen Sitzreihen, in denen Sie die Armlehnen zum Ankuscheln oder zum Schlafen nach oben klappen können, wesentlich bequemer.

So schaffen Sie beste Schlafvoraussetzungen für Ihr Kind

Wer sich bereits bei der Flugplanung mit dem wichtigen Thema „Schlafen" auseinandersetzt, erhöht die Chance auf einen ruhigen, gelungenen Langstreckenflug – und etwas Schlaf für alle.

Flug buchen
- **Ideale Flugzeit:** Versuchen Sie, Ihren Flug so zu legen, dass Sie während der Schlafenszeit Ihres Kindes fliegen.
- **Fensterplatz buchen:** Gangplätze sind wegen der häufig vorbeilaufenden Flugbegleiter und Mitreisenden für Kleinkinder ungeeignet. Buchen Sie für Ihr Kind einen Fensterplatz. Schließen Sie nach dem Start die Fensterblenden und löschen Sie das Oberlicht.

Koffer packen
- **Kuscheltier nicht vergessen!** Ohne geht´s bei den meisten Kindern nicht.

Vor dem Boarding
- **Austoben:** Sorgen Sie für ausreichend Bewegung, bevor Sie das Flugzeug besteigen. Auf vielen Flughäfen gibt es Spielbereiche oder Indoor-Spielplätze für kleine Kinder. Falls Sie kein Spiel-Areal in der Nähe finden, suchen Sie ein weniger frequentiertes Gate oder einen ruhigen Nebengang, wo Sie ihr Kind toben lassen können.
- **Satte Kinder:** Wer satt ist, wird oft schläfrig. Bringen Sie ausreichend Zeit mit, um nach der Sicherheitskontrolle noch eine kleine Mahlzeit zu sich zu nehmen. Am besten eignen sich proteinhaltige Snacks. Vermeiden Sie Zuckerhaltiges wie Süßigkeiten und Eis. Ausnahme: Babys, die noch gestillt werden, legen Sie besser erst im Flugzeug an – die Gefahr ist zu groß, dass Ihr Baby Ihnen bereits vor dem Boarding wegschlummert, und dann müssten Sie es für das Anschnallen wieder aufwecken.

An Bord

- **Wickeln und Toilettengang:** Alle sollten jetzt noch einmal zur Toilette gehen. Wickeln Sie Windelkinder vor dem Boarding noch einmal. Erklären Sie größeren Kindern, dass sie während des Starts nicht zur Toilette gehen können. Kinder, die sich mitten im Töpfchentraining befinden, sollten ausnahmsweise während des Fluges eine Windel tragen.

An Bord

- **Schlafrituale einhalten:** Schlafanzug anziehen, Fläschchen geben, Bücher vorlesen, leise Schlaflieder vorsingen – alles, was Sie auch zu Hause machen und was Ihrem Kind vertraut ist, hilft ihm beim Einschlafen.
- **Optimaler Zeitpunkt:** Das laute Motorengeräusch und die verhältnismäßig geringe Hektik an Bord während des Starts haben oft einen positiven Effekt auf kleine Kinder. Viele dösen bereits beim Start weg, vorausgesetzt sie sind nicht hungrig, durstig, haben die Windel voll oder befinden sich in einer sehr unbequemen Sitzposition.
- **Milch:** Milch soll einen leicht einschläfernden Effekt haben, ebenso das Nuckeln an der Brust. Nebeneffekt: Saugen während des Starts erleichtert Ihrem Kind den Druckausgleich und verhindert Ohrenschmerzen (→ *Was können wir gegen Ohrenschmerzen tun?*, Seite 32).
- **Erklären:** Erzählen Sie älteren Kindern, was sie erwartet: ein langer, langweiliger Flug. Damit er schnell rumgeht, sollte man am besten etwas schlafen.

An Bord

WOHLBEFINDEN

Was soll ich machen, wenn mein Dreijähriger im Flugzeug austickt?

Versuchen Sie, gelassen zu bleiben. Das ist mitunter schwierig, insbesondere wenn auch Sie müde und abgespannt sind. Ihr Kind ist wahrscheinlich erschöpft, vielleicht zusätzlich noch völlig erschlagen von den vielen ungewohnten Reizen in seinem Umfeld. Seien Sie nachsichtig.

Wenn Sie mit Strenge versuchen, Ihr Kind dazu zu bewegen, nicht mehr zu schreien oder zu weinen – seien Sie fair und bedenken Sie die außergewöhnlichen Umstände. Vielleicht hilft auch ein Themenwechsel zur Ablenkung – noch ein Kinderfilm aus dem Flugentertainment-Programm, ein neues Hörbuch oder Pixibuch, das Sie vorausschauend vor der Reise ins Handgepäck gepackt oder auf Ihr Tablet-PC geladen haben. Aber auch das dosierte Androhen von Sanktionen kann (!) funktionieren.

Wenn sich Ihr Kind wieder beruhigt hat, loben Sie es und geben Sie ihm die Möglichkeit, sich auf dem Restflug gut zu benehmen.

> **●● TIPP**
>
> Ein Trick, der oft gut funktioniert, ist, eine scheinbar höhere Autorität zu bemühen: Wenn du nicht gleich ruhig bist, dann kommt eine Flugbegleiterin und schimpft!"
> (An alle Flugbegleiter: Bitte verzeihen Sie uns diese Notlüge!)

Wenn mein Baby an Bord weint und schreit – was soll ich dann tun?

Das Wichtigste ist, die Nerven zu behalten und Ruhe zu bewahren! Das ist oft leichter gesagt als getan. Lassen Sie sich nicht durch genervte Blicke der Mitreisenden noch weiter irritieren, sondern konzentrieren Sie sich voll und ganz auf Ihr Baby. Schließlich ist

Weinen mehr oder weniger die einzige Art und Weise, wie sich Babys in den ersten Monaten verständigen können.

Tun Sie das, was Sie auch zu Hause tun würden, um Ihr Baby zu beruhigen. Versuchen Sie herauszufinden, warum es weint und schaffen Sie Abhilfe:

1. Hat es die Windeln voll?
2. Hat es vielleicht Hunger?
3. Ist es müde? Vielleicht hilft ein Wechsel der Halteposition. Wenn möglich, gehen Sie mit Ihrem Baby im Gang spazieren.
4. Ist es reizüberflutet? Reden Sie beruhigend auf es ein und kuscheln Sie mit ihm.
5. Hat es vielleicht Fieber? Idealerweise haben Sie Fieberthermometer und fiebersenkende Mittel in Ihrem Handgepäck.
6. Zahnt es? Zahnungsgel lindert den Schmerz.
7. Während Start oder Landung: Viele Babys haben während Start und Landung Probleme mit dem Druckausgleich. Wenn die Ohren schmerzen, dann geben Sie ihm etwas zu trinken. Stillen Sie es, geben ihm das Fläschchen oder einen Schnuller zum Nuckeln. Für Kinder ab etwa einem Jahr gibt es Ohrstöpsel gegen Ohrenschmerzen beim Fliegen (→ *Was können wir gegen Ohrenschmerzen tun?*, Seite 32).
8. Für Entspannung sorgen: Führen Sie eine Babymassage durch, wenn Ihr Baby dies bereits kennt und mag.

> **•• TIPP**
>
> In solchen Momenten sollten Sie sich das folgende Mantra vorsprechen: „Ich sehe diese Leute nie wieder!" – Was die anderen Fluggäste denken oder sagen, ist völlig egal.

An Bord

Wie kann ich mein Kind davon abhalten, ständig gegen die Rückenlehne des Vordersitzes zu treten?

Für die meisten Kinder ist es eine Herausforderung, mehrere Stunden stillzusitzen. Und das ist keine Frage der Erziehung – auch gut erzogene Kinder haben einen natürlichen Bewegungsdrang.

Wenn Ihr Kind überdurchschnittlich aktiv ist, buchen Sie nach Möglichkeit einen Flug bei einer Fluggesellschaft mit großem Sitzabstand. Hier gibt es durchaus Unterschiede – auch in der Economy Class. Sitzt Ihr Kind in einem mitgebrachten Kindersitz, verringert sich der Sitzabstand um weitere kostbare Zentimeter. Auf der Webseite *www.seatguru.com* (14) können Sie vor der Flugbuchung den zu erwartenden Sitzabstand auf Ihrem Flug herausfinden.

Besonders lebhafte Kinder sollten sich vor dem Boarding ordentlich auspowern. Lassen Sie Ihr Kind in einem leeren Gang des Flughafens kräftig rennen und überschüssige Energie verbrennen.

Wenn Ihr Kind unruhig wird und beginnt, auf seinem Platz hin und her zu rutschen: Lassen Sie es, wenn möglich, an Ihrer Hand etwas im Gang hin- und herlaufen. Und das am besten, noch bevor es entdeckt, wie viel Spaß das Sitz-Treten bereitet!

Erlauben Sie Ihrem Kind (wenn das Anschnallzeichen erloschen ist), sich quer oder längs auf seinem Flugzeugsitz hinzulümmeln. Kleine Kinder sind sehr gelenkig und können auch in den ungewöhnlichsten Positionen bequem sitzen und schlafen.

Versuchen Sie, Ihr Kind mit dem mitgebrachten Spielzeug abzulenken. Suchen Sie gemeinsam einen altersgerechten Film aus dem bordeigenen Entertainmentprogramm – in modernen Flugzeugen ist der Bildschirm des Entertainmentsystems direkt in die Rückenlehne des Vordersitzes eingebaut. Sitz-Treten und gleichzeitiges Filmgucken ist natürlich nicht erlaubt.

Achten Sie auf die Ernährung, insbesondere bei sehr aktiven Kindern. Zuckerhaltige Snacks sind tabu – diese wirken wie

Aufputschmittel. Ein proteinreicher Müsliriegel oder ein Milchfläschchen haben hingegen einen beruhigenden Effekt.

> **•• TIPP**
>
> Vielflieger können ihre Flugmeilen für ein Upgrade in die Business Class benutzen. Hier sind die Sitzabstände so groß, dass Ihr Kind nicht mehr gegen die Rückenlehne des Vordersitzes treten kann.

Kann sich mein Kind durch die Klimaanlage im Flugzeug erkälten?

Das Risiko, sich auf einem Flug durch die Klimaanlage zu erkälten, ist äußerst gering. Wenn Sie mit einem Neugeborenen fliegen, sollte es ein Mützchen als Schutz vor der Zugluft tragen. Schließen Sie die Lüftungsdüsen über dem Kopf Ihres Kindes oder drehen Sie sie zur Seite, damit die Luft ihm nicht direkt ins Gesicht pustet.

> **•• INFO**
>
> Aufgrund der trockenen Luft im Flugzeug kann es bei empfindlichen Menschen zur Austrocknung der Schleimhäute kommen. Mögliche Folgeerscheinungen sind Erkältungen und Bindehautreizungen. Gegen trockene Nasenschleimhäute hilft Meerwasserspray (→ *Checkliste· Was gehört ins Handgepäck?*, Seite 108).

An Bord

Was ist die richtige Bekleidung fürs Flugzeug?

Oft führen Flugreisen in andere Klimazonen. Dies bedeutet, dass am Ankunftsort mitunter völlig andere Temperaturen vorherrschen als am Abflugort. Auch im Flugzeug gibt es ein eigenes Mikroklima. Zudem fährt der menschliche Kreislauf nachts herunter, sodass manche Menschen bei Müdigkeit eher frieren. Auch die Klimaanlage im Flugzeug kann für etwas Kälte oder Zugluft sorgen.

Auf Flugreisen bewährt hat sich sowohl für Kinder als auch Erwachsene das **Zwiebelprinzip**: Tragen Sie mehrere leichte Kleidungsschichten übereinander, die Sie einfach je nach Temperatur und Wohlbefinden an- oder ausziehen.

Beim Fliegen mit Kind sollten Sie für alle Personen **praktische Kleidung** der Mode vorziehen. Ihre Kleidung sollte bequem sein und locker sitzen.

Insbesondere Babys und Wickelkinder sollten **wickelfreundlich** gekleidet werden. Vermeiden Sie kompliziert an- und auszuziehende Bekleidung mit vielen Knöpfen oder unpraktische Latzhosen. Gut geeignet sind Bodys, weiche Stoffhosen mit Gummizug, Jogginghosen oder Leggings sowie ein Extrapaar warme Socken.

Für Wickelkinder sollten Sie zwei Komplettsätze an **Wechselkleidung** im Handgepäck mitführen, für Kleinkinder und Erwachsene nach Möglichkeit jeweils einen Satz Wechselkleidung (→ *Checkliste: Was gehört ins Handgepäck?*, Seite 108). Nicht selten kommt es vor, dass auch die Kleidung eines Erwachsenen bei einem Malheur im Flugzeug in Mitleidenschaft gezogen wird.

Dicke Socken oder Hausschuhe sind auf Langstreckenflügen zu empfehlen. Für jedes Familienmitglied sollten Sie überdies eine Fleecejacke oder einen Pulli, eventuell auch ein Halstuch oder einen Schal einpacken. Für das Baby nehmen Sie am besten eine kleine Babydecke mit, denn Decken werden auf manchen Flügen nicht mehr automatisch verteilt.

> **•• TIPP**
>
> Einige deutsche Flughäfen bieten während der Wintermonate einen speziellen Service: Gegen Gebühr können Sie bei der Gepäckaufbewahrung Ihre Winterjacken und Schneeanzüge deponieren und bei Ihrer Rückkehr wieder abholen. Der Preis für die Aufbewahrung variiert je nach Flughafen zwischen 0,50 und 1,50 Euro pro Tag. Weitere Informationen zu diesem Service finden Sie auf der Webseite Ihres Flughafens.

Wie verstaue ich unser Handgepäck?

Ihr Handgepäck können Sie an Bord im Fußraum unter dem Vordersitz sowie im Gepäckfach über den Sitzplätzen verstauen. In der Business und First Class gibt es darüber hinaus die Möglichkeit, Jacken und Mäntel auf einen Bügel in einen Schrank hängen zu lassen und dort sperrige Gegenstände und Taschen abzustellen.

Im Fußraum unter dem Vordersitz direkt vor Ihnen sollten Sie eine Tasche abstellen, die alle Dinge beinhaltet, auf die Sie jederzeit direkten Zugriff benötigen: Wickelzeug, Babynahrung, Fläschchen, Trinkwasser, Schnuller, Knabberzeug, Kuscheltier, Babywechselkleidung, Spielzeug, Bücher .

Im Gepäckfach über den Sitzplätzen können Sie Ihre Jacken, das Laptop, die Fotoausrüstung sowie Ihr Handgepäck mit allen weiteren Dingen verstauen. Bitte bedenken Sie, dass Sie jedes Mal aufstehen und vielleicht sogar über Ihr Kind steigen oder einen Fremden bitten müssen aufzustehen, wenn Sie etwas aus dem Gepäckfach benötigen.

> **•• ACHTUNG**
>
> Während Start, Landung und bei Turbulenzen dürfen Sie nicht aufstehen, auch wenn Ihr Kind schreit. Packen Sie Ihr Handgepäck clever, so dass Sie auch alle wichtigen Dinge für Ihr Baby während dieser Momente im Zugriff haben.

An Bord

> **•• INFO**
>
> Wenn Sie Eltern-Kind-Sitzplätze in der *bulkhead row* gebucht haben, *müssen* Sie Ihr gesamtes Handgepäck während Start und Landung in den Gepäckfächern verstauen. Wichtige Dinge wie Schnuller und Trinkflasche sollten Sie vorausschauend während dieser Zeit auf dem Schoß bereithalten.

Empfehlungen für einen stressfreien Flug

Mit den folgenden Tipps können Sie den Stresspegel an Bord sowohl für Ihr Kind als auch für sich selbst minimieren:

- **Für Normalität sorgen:** Babys und kleine Kinder verstehen nicht, dass sie sich in einem Flugzeug in der Luft befinden. Die Flugzeugkabine ist für sie einfach nur ein anderer Raum. Wichtig ist, dass für sie alles „so normal wie möglich" läuft.
- **Rituale einhalten:** Versuchen Sie, die natürlichen Schlaffenster Ihres Babys auch während des Fluges einzuhalten. Rituale, die Ihr Kind von zu Hause kennt, wie beispielsweise Schlafanzug anziehen, Fläschchen geben oder ein Schlaflied singen, sind sehr hilfreich.
- **Mit den Sitznachbarn anfreunden:** Lassen Sie Ihr gut gelauntes Baby mit Ihren Sitznachbarn vor und hinter Ihnen Kontakt aufnehmen - noch vor dem Abflug. Auch die hartgesottensten Menschen tauen bei einem Kinderlächeln auf. Ihre Mitreisenden werden sich wesentlich verständnisvoller zeigen, wenn Ihr Kind zu einem späteren Zeitpunkt quengelt oder weint, wenn sie es vorher in seiner Bestform – nämlich reizend und süß – erlebt haben. Und wer weiß – vielleicht entwickelt sich während des Fluges aus dem zarten Erstkontakt eine handfeste Flugfreundschaft.
- **Kind unterhalten:** Wenn Ihr Kind wach ist, dann ist es das eben – wie zu Hause auch. Bringen Sie ausreichend interessantes, altersgerechtes Spielzeug mit. Spielen Sie mit Ihrem Kind!

- **Kleine Geschenke:** Als ultimatives Mittel zur Beruhigung schwören viele Eltern auf kleine Geschenke. Neues Spielzeug, in lustiges Geschenkpapier verpackt, bringt fast jedes weinende und nörgelige Kind zum innehalten. Vor Freude und Neugier verfliegt die schlechte Stimmung im Nu.
- **Ausreichend Flüssigkeit und Essen:** Versorgen Sie Ihr Kind ausreichend mit Wasser und Tee, damit es nicht dehydriert. Kleine Snacks überbrücken die Wartezeit bis zur nächsten Essensausgabe. Wenn Ihr Kind die Essenszeiten verschläft – kein Problem, das Essen kann auch zu einem späteren Zeitpunkt aufgewärmt werden.
- **Bei Unruhe:** Hat Ihr Baby vielleicht Hunger oder Durst? Versuchen Sie, es zu stillen oder zu füttern. Wickeln Sie es und lenken Sie es mit einem neuen kleinen Spielzeug oder Buch ab. Stellen Sie sicher, dass es nicht etwa krank ist und beispielsweise erhöhte Temperatur hat.
- **Gelassen bleiben:** Babys und Kinder sind unberechenbar. Wenn Ihr Baby aus heiterem Himmel zu weinen anfängt, versuchen Sie, ruhig zu bleiben. Ihre Ruhe wird sich im Bestfall auf Ihr Kind übertragen, genauso wie Ihre Angespanntheit oder Nervosität.
- **Um Hilfe bitten:** Wenn Sie erschöpft sind und selbst eine Pause brauchen, bitten Sie das Flugpersonal um Hilfe. Meist werden Sie hier auf offene Ohren stoßen. Wenn Sie Glück haben, nimmt eine Flugbegleiterin Ihnen Ihr Baby für einen Moment ab und läuft mit ihm im Gang auf und ab.

•• TIPP

Egal ob Ihr Kind hungrig, durstig, gelangweilt oder müde ist – seien Sie gut vorbereitet auf alle Situationen. Dafür ist eine umsichtige Planung vor Antritt des Fluges notwendig.

An Bord

> **•• INFO**
>
> Manche Fluggesellschaften, zum Beispiel Etihad Airways, beschäftigen sogenannte *sky nannys*, die Eltern von kleinen Kindern über den Wolken zur Seite stehen. Einen innovativen Service insbesondere für Flüge in den USA bietet *www.nannyintheclouds.com* (15) – hier können Eltern Babysitter suchen, die auf demselben Flug mitfliegen, und für die Dauer des Fluges für die Kinderbetreuung anheuern.

KINDERBESCHÄFTIGUNG

Gibt es an Bord kostenloses Spielzeug für die Kleinen?

Nicht immer. Bei Billigfliegern gibt es gar kein kostenloses Spielzeug.

Viele Fluggesellschaften werben damit, an Bord Spielzeug für Kinder vorzuhalten. Darauf sollten Sie sich aber nicht verlassen. Nicht immer ist für alle Kinder ausreichend Spielzeug geladen, oft ist es nicht optimal für das Alter Ihres Kindes geeignet und manchmal erfüllt das angebotene Spielzeug nicht die Erwartungen der Eltern.

Um Enttäuschungen zu vermeiden, sollten Sie vorsorgen und eigenes Spielzeug mitbringen (→ *Flugzeugtaugliches Kinderspielzeug von zu Hause*, Seite 159).

> **•• TIPP**
>
> Wenn die Flugbegleiter das Gratis-Spielzeug nicht von selbst verteilen, einfach nachfragen!

An Bord

Wie viel Spielzeug sollten wir mit an Bord nehmen?

Das hängt von dem Alter und Spielverhalten Ihres Kindes sowie der Flugdauer ab. Je länger der Flug, umso mehr Spielzeug sollten Sie für Ihr Kind mitnehmen.

Womit kann ich mein Kind im Flugzeug beschäftigen?

Auch ohne mitgebrachtes Spielzeug und große Vorbereitung können Sie mit etwas Kreativität Ihr Kind an Bord bei Laune halten. Hier einige Vorschläge:

- **Wimmelbuch-Bordmagazin:** Bordmagazine sind tolle Wimmelbücher mit vielen Bildern. Lassen Sie Ihr Kind auf jeder Seite einen Gegenstand suchen. Ältere Kinder können das gesamte Magazin nach Dingen durchforsten und einkringeln. Findet Ihr Kind alle Flugzeuge, eine Palme und ein Auto?
- **Erinnerungsfotos:** Laden Sie einige witzige Erinnerungsfotos von schönen Aktivitäten oder lieben Menschen (Oma, Opa, Freunde) auf Ihr Smartphone, Tablet oder Ihre Digitalkamera. Wenn Sie zu den Großeltern nach Spanien fliegen und dort schon im letzten Jahr waren, können Sie mit alten Fotos und Geschichten die Vorfreude auf das bevorstehende Wiedersehen steigern. Erzählen Sie sich gegenseitig Geschichten zu den Fotos: „Weißt du noch, …?"
- **Versteckspiel:** Mit einem Schal, einem Tuch oder einer Baumwollwindel können Sie super „Kuckuck!" mit Ihrem Baby spielen. Mehr noch: Aus einem leichten Tuch lassen sich prima Hüte, Taschen und andere Dinge falten.
- **Eiswürfelspiel:** Wenn die Flugbegleiter das erste Mal mit dem Getränkewagen vorbeikommen, bitten Sie um einen Becher mit ein paar Eiswürfeln und einem Strohhalm. Kleinkinder lieben Eiswürfel. Versuchen Sie, das Eis mit dem Strohhalm

aufzupiksen (Flugzeugeiswürfel haben meist ein Loch in der Mitte) und beobachten es gemeinsam beim Schmelzen. Größere Kinder dürfen die Eiswürfel auch lutschen. Babys und Kleinkinder sollten Sie davon wegen der Erstickungsgefahr aber abhalten.

- **Fingerspiele:** Alle kleinen Kinder lieben Fingerspiele. Lernen Sie ein paar neue für die Reise. Im Internet gibt es tolle Anregungen dazu.
- **Essenszeit spielerisch verlängern:** Stellen Sie Ihrem Kind Aufgaben wie „Was ist der kleinste Happen, den du abbeißen kannst?" (leicht) oder „Kannst du nur ein einziges Reiskorn auf den Löffel nehmen?" (sehr schwierig).
- **Deckel drehen:** Kleine Kinder können sich lange Zeit damit beschäftigen, den Deckel einer Plastikflasche auf- und zuzudrehen. Passen Sie auf, dass der Deckel nicht zwischen die engen Flugzeugsitze fällt und dass Ihr Kind ihn nicht in den Mund nimmt. Wenn Sie keine Plastikflasche mit an Bord gebracht haben, können Sie die Flugbegleiter um eine leere Flasche bitten.
- **Geduldsspiele:** Taschen öffnen, Jacken zuknöpfen, Sicherheitsgurt öffnen und schließen – alles Spiele, mit denen Sie Ihr Kind stundenlang beschäftigen können. Zeigen Sie ihm, wie man einen Reißverschluss schließt und öffnet oder wie die Haarspange funktioniert.
- **Geschichten erfinden:** Erfinden Sie zusammen mit Ihrem Kind eine Geschichte. Ihr Kind kann hierfür ein oder zwei Dinge vorgeben, die in der Geschichte vorkommen sollen. Ältere Kinder mögen die Variante, dass jeder nur einen Satz sagen darf und der andere jeweils die (wahrscheinlich recht skurrile) Geschichte fortführen muss.
- **Rate- und Gedächtnisspiele:** Wer erinnert sich nicht an „Ich packe meinen Koffer" oder „Ich sehe was, was du nicht siehst"? Im Flugzeug lassen sich diese Spiele prima spielen. Für weitere Spielideen gibt es tolle *Bücher im Buchhandel* (16).

An Bord

- **Flugzeug erkunden:** Die Zeiten, in denen Kinder während des Fluges im Cockpit vorbeischauen durften, sind leider vorbei. Nichtsdestotrotz können Sie, wenn Sie nicht mit einer amerikanischen Fluggesellschaft fliegen, zwischen den Mahlzeiten mit Ihrem Kind im Gang auf und ab gehen und das Flugzeug erkunden.
- **Spielkameraden finden:** Suchen Sie andere kleine Kinder an Bord. Tauschen Sie für die Flugzeit Spielzeug oder Bücher. Und vielleicht dürfen die Kleinen auch gemeinsam für eine Zeit vor den Notausgängen auf dem Boden spielen.

Flugzeugtaugliches Kinderspielzeug von zu Hause

Flugzeugtaugliches Spielzeug sollte klein, leicht, leise und nicht klebrig sein. Es sollte nicht wegrollen können oder aus vielen Einzelteilen bestehen, die schnell unter die Flugzeugsitze fallen können. Mit gutem Flugzeugspielzeug können sich Kinder stundenlang beschäftigen.

Flugzeugtaugliches Spielzeug muss nicht teuer und auch nicht neu sein. Viele Dinge werden Sie bereits zu Hause in der Spielzeugkiste Ihres Kindes finden:

- **Bücher** – Besonders klein, preiswert und leicht sind Pixibücher zum Angucken, Vorlesen oder Selbstlesen. Wimmelbücher halten kleine Entdecker beschäftigt.
- **Malzeug** – Für das Flugzeug eignen sich kantige Wachsmalstifte besonders gut, diese rollen nicht bei jeder Bewegung sofort vom Tischtablett. Ein Malblock mit weißen Blättern lässt der Kreativität freien Lauf. Oder Sie kaufen Ihrem Nachwuchs ein schönes Ausmalbuch für den Flug. Kostenlose Ausmalbilder gibt es im Internet. Besonders beliebt sind bei fliegenden Kindern Flugmotive: Ausmalbare Flugzeuge und Flughafensituationen sind der Hit.

- **Spielfiguren** für Rollenspiele – zum Beispiel von Lego oder Playmobil. Für kleinere Kinder sind auch **Fingerpuppen** gut geeignet.
- **Tablet-PC** – Bestückt mit altersgerechten Filmen, Büchern und Spielen, macht ein Tablet-PC Sie unabhängig vom Bordprogramm und sorgt für gute Unterhaltung. Besitzen Sie einen **MP3-Player**, laden Sie altersgerechte Hörbücher und Kindermusik aus dem Internet herunter. Auch ein **tragbarer DVD-Player**, zusammen mit einer schönen Auswahl an Kinder-DVDs und -CDs, ist ideal für lange Flüge.
- Wenn Ihr Kind einen **Nintendo** besitzt, nehmen Sie ihn mit.
- **Kartenspiel** – Das kann ein ganz normales Kartenspiel sein, mit dem man wunderbar Zählen üben kann. Oder auch ein Kinder-UNO mit besonders großen Spielkarten.

●● TIPP

Verpacken Sie Spielzeug, das Ihr Kind bereits besitzt, in Geschenkpapier. Kinder lieben es, Geschenke auszupacken und sind somit wieder eine Weile im Flugzeug beschäftigt. Und die ganz Kleinen werden sehr viel Freude am knisternden Geschenkpapier haben.

●● ACHTUNG

Wenn Sie elektronische Hilfsmittel wie Tablet-PCs oder MP3-Player mit an Bord nehmen, stellen Sie sicher, dass die Akkus aufgeladen sind.

●● INFO

Gemäß einer Neuregelung der FAA müssen auf US-amerikanischen Flügen elektronische Geräte nicht mehr bei Start und Landung abgeschaltet werden. Es ist nur eine Frage der Zeit, bis die Europäische Luftfahrtbehörde EASA nachzieht.

An Bord

Preiswertes (Wegwerf)-Spielzeug fürs Flugzeug

Hier einige Dinge, mit denen Sie Ihr Baby oder Kleinkind an Bord super unterhalten können – und die Sie noch auf der Reise mit gutem Gewissen entsorgen können:

- **Kleine Schachteln** – Babys und kleine Kinder lieben Verpackungen und kleine Schachteln. Sammeln Sie bereits zu Hause kleine Pappschachteln (beispielsweise Verpackungen von Kosmetika, Proben, Seife). Falten Sie diese für den Transport flach auseinander. Im Flugzeug können Sie die Schachteln wieder zusammenbasteln.
- **Kataloge** – am besten von Babyausstattern und Spielzeugherstellern. Insbesondere Kinder, die gerade das Sprechen lernen, lieben es, sich Bilder anzuschauen. Ältere Kinder werden wahrscheinlich in Spielzeugkatalogen alles ankreuzen oder umkreisen, was ihnen der Weihnachtsmann bringen soll …
- **Knisterpapier** – alles, was bunt ist und knistert, ist großartig. Jeder kennt es – die Großtante bringt dem Nachwuchs ein Geschenk mit, das sie mit viel Liebe ausgesucht hat. Aber leider interessiert sich das Kind nur für das bunte Geschenkpapier und die Schleifen. Gerne wird es in viele kleine Teilchen zerrupft. Nehmen Sie noch etwas Tesafilm oder Malerkreppband (siehe weiter unten) mit – dann können Sie die bunten Papierfetzen zu kleinen Kunstwerken verkleben.
- **Pfeifenreiniger** – ja, *Pfeifenreiniger* (17). Die gibt es bereits für ein paar Euro in Bastel- oder Tabakläden. Die schönen bunten Pfeifenputzer aus Chenilledraht sind flexibel und lassen sich super biegen. Sie können aus ihnen witzige Männchen, Tiere, Ketten und andere schöne Dinge basteln. Und die ganz Kleinen haben einfach nur Spaß daran, die bunten Drähte zu verbiegen.
- **Klebestreifen** – mit *Klebestreifen* (18), die keine Rückstände hinterlassen und sich leicht von der Oberfläche lösen lassen, können sich kleine Kinder stundenlang beschäftigen. Auch Malerkreppband (gibt es in jedem Baumarkt) ist auf einer Seite

leicht klebend und hinterlässt keine Rückstände. Ihr Kind wird damit eine Weile beschäftigt sein, garantiert!

- **Ausmalbilder** – im Internet gibt es tolle kostenlose Ausmalbilder, auch zu den Themen Fliegen, Flugzeug und Flughafen. Drucken Sie sich einfach ein paar passende Bilder aus und sparen Sie sich die Mitnahme von dicken, schweren Ausmalheften. Einfach nach „Malvorlage Flughafen" oder „Ausmalbild Flugzeug" googeln.
- **Krimskramskiste** – kleine Kinder ertasten sehr gerne die verschiedenen Formen von unbekannten Gegenständen. Packen Sie in einen kleinen Karton oder in ein Stoffsäckchen viele winzige Gegenstände, die Sie nicht (mehr) brauchen. Kleine Werbegeschenke eignen sich hervorragend. Achten Sie jedoch darauf, dass die Dinge nicht zu klein sind und von Ihrem Kind nicht verschluckt werden!
- **Kleiner Stapel buntes Papier** – aus *Origamipapier* (19) lassen sich prima Papierflieger, Schiffchen und andere schöne Dinge basteln. Und mit Klebestreifen, Papierschnipseln und buntem Papier können tolle kleine Kunstwerke entstehen. Alternativ können Sie einen Flugbegleiter um einen kleinen Stapel Flugzeugservietten bitten – damit lassen sich auch prima Hüte falten!
- **Tütenmonster:** Wohl nicht so gerne vom Bordpersonal gesehen, aber schön: Basteln Sie aus der Spucktüte an Ihrem Sitz ein Tütenmonster und bekleben es mit lustigen bunten Papierfetzen. Dafür wäre die Mitnahme eines Klebestifts hilfreich. Aber Achtung: Scheren sind im Handgepäck nicht erlaubt! Und bitte sicherstellen, dass Sie für den Notfall noch eine zusätzliche Tüte griffbereit haben.
- **Sockenpuppen:** Auf den meisten Langstreckenflügen erhalten Sie ein Bord-Kit mit Wegwerfsocken. Aus diesen können Sie spielend leicht witzige Handpuppen basteln: Einfach mit einem Filzstift Augen aufmalen oder aus Papier ausschneiden und mit dem Kleber aufkleben – fertig. Die Puppenshow kann beginnen!

An Bord

> **•• TIPP**
>
> Fotografieren Sie vor der Landung die schönsten Kunstwerke Ihres Kindes. So können Sie die Erinnerung an einen unterhaltsamen Flug wahren – und die Kunstwerke guten Gewissens an Bord zurücklassen.

Empfehlungen für die Kinderbeschäftigung an Bord

Wie können Sie Ihr Kind auf einem mehrstündigen Flug beschäftigen? Hier unsere Tipps:

- Wahrscheinlich ist Ihr Kind nach dem Einsteigen eine ganze Weile gut mit der neuen Situation beschäftigt. Warten Sie, bis Ihr Kind nach Spielzeug fragt oder ihm langweilig wird. Packen Sie es nicht sofort nach dem Start aus. Schließlich muss Ihr Spielzeugvorrat für den gesamten Flug ausreichen.
- Packen Sie nicht alles auf einmal aus, sondern immer nur ein Teil. Erst wenn Ihr Kind daran sein Interesse zu verlieren droht und unruhig wird, holen Sie das nächste hervor. Spielzeuge, die erst ausgepackt werden müssen, haben einen längeren Unterhaltungswert.
- Beschäftigen Sie sich mit Ihrem Kind: Nichts mögen kleine Kinder lieber als die volle Aufmerksamkeit von Mama oder Papa. Wenn Sie versuchen, nebenbei ein Buch zu lesen, wird Ihr Nachwuchs schnell nörgelig werden.
- Bordprogramm: Moderne Flugzeuge verfügen oft über sogenannte *inseat screens*, Fernsehbildschirme, die in die Rückenlehne des Vordersitzes eingebaut sind. Meist gibt es eine Auswahl an Kinderfilmen, oft auch für die ganz Kleinen. Abhängig von der Flugroute und Fluggesellschaft werden aber nicht alle Filme in deutscher Sprache angeboten. Wer unabhängig vom Flugzeug-Filmangebot bestimmen möchte, was das Kind sehen darf, bringt sich am besten eine Auswahl an

eigenen Kinderfilmen und Hörbüchern auf einem tragbaren DVD-Player, einem Laptop oder Tablet mit. Mit einem speziellen Kinderkopfhörer kann Ihr Kind sich Filme und Hörbücher anhören, ohne dass Ihre Sitznachbarn mithören müssen.

ESSEN UND TRINKEN

Kann man im Flugzeug ein Fläschchen aufwärmen?

Babynahrung, die aus Pulver und Wasser angerührt wird, aber auch Babygläschen können Sie an Bord der meisten Fluggesellschaften vom Flugpersonal aufwärmen lassen. Bitten Sie um abgefülltes Flaschenwasser für die Zubereitung des Breis oder der Milch. Wasser aus der Flugzeugküche wird meist nicht ausreichend erhitzt und ist für die Zubereitung von Säuglingsnahrung deshalb nicht zu empfehlen (→ *Wie gut ist die Qualität des Trinkwassers im Flugzeug?*, gegenüberliegende Seite).

An Bord von Flugzeugen gibt es keine Mikrowellengeräte. Mitgebrachte Gläschen werden daher oft zum Erhitzen in ein heißes Wasserbad gestellt.

> **●● ACHTUNG**
>
> Manche Billigfluggesellschaften wie beispielsweise Ryanair können Babyfläschchen nicht aufwärmen.

An Bord

> **•• TIPP**
>
> Es gibt auf dem Markt tolle Warmhaltelösungen für Babygläschennahrung. Wenn Sie von der Verfügbarkeit eines Flugbegleiters unabhängig sein wollen, besorgen Sie sich für die Reise Thermoskannen und -gefäße. Lassen Sie das Babyessen in einem Restaurant hinter der Sicherheitskontrolle erwärmen und füllen es vor dem Flug in den Thermobehälter um.

Wie gut ist die Qualität des Trinkwassers im Flugzeug?

Bei einer Untersuchung der US-Umweltschutzbehörde EPA (*Environmental Protection Agency*) im Jahr 2008 wurde in 15 Prozent der entnommenen Leitungswasserproben in amerikanischen Flugzeugen Kolibakterien entdeckt. Die EPA riet daraufhin Menschen mit geschwächtem Immunsystem, im Flugzeug auf in Flaschen abgefülltes Trinkwasser zu bestehen, auf Dosengetränke auszuweichen sowie auf den Genuss von Tee oder Kaffee, der mit Flugzeug-Leitungswasser hergestellt wurde, zu verzichten. In den USA wurden anlässlich dieser Ergebnisse wohl neue Standards eingeführt. Weltweit gibt es aber keinen einheitlichen Standard, der die Qualität des Leitungswassers im Flugzeug sichert.

Babys und kleine Kinder sind anfälliger für Kolibakterien als gesunde Erwachsene. Typische Symptome sind Durchfall, Magenkrämpfe und Brechreiz. Für Familien mit Babys und Kleinkindern sowie für Schwangere gilt deshalb erhöhte Vorsicht:

- **Auf Flaschenwasser bestehen:** Auch wenn es in der Economy Class mitunter nur Wasser aus offenen Wasserkaraffen gibt – bestehen Sie auf in Flaschen abgefülltes Wasser für Ihr Kind.
- **Flaschenwasser mit an Bord bringen:** Um auf Nummer sicher zu gehen, sollten Sie sich selbst um einen gesunden Wasservorrat für Ihr Kind kümmern. Kaufen Sie hinter der Sicherheitskontrolle ausreichend Wasserflaschen für Ihr Kind.

Sie können auch versuchen, eine mit Trinkwasser gefüllte Flasche für Ihr Kind durch die Sicherheitskontrolle zu bekommen (was mal funktioniert, mal nicht).

- **Fläschchenvorrat:** Bringen Sie ausreichend saubere Fläschchen mit an Bord, damit Sie keine Fläschchen im Flugzeug auswaschen müssen.

> **•• TIPP**
>
> Das Trinkwasser an den meisten westlichen Flughäfen der Welt ist sicher. Leere Wasserflaschen können Sie also normalerweise bedenkenlos an Wasserfontänen oder im Waschraum hinter der Sicherheitskontrolle wieder auffüllen.

Gibt es an Bord kindgerechtes Essen?

Für Kleinkinder ab zwei Jahren bieten Linienfluggesellschaften und die meisten Pauschalfluggesellschaften auf allen Langstreckenflügen und auf den meisten Mittelstreckenflügen spezielle Kindermenüs an. Die Vorbestellung eines Kindermenüs erfolgt nicht automatisch, sondern muss von den Eltern rechtzeitig vorgenommen werden.

Auf Flugstrecken unter 60 Minuten gibt es in der Regel kein Menü, sondern nur einen kleinen Snack. Spezielle Snacks für Kinder werden hier nicht angeboten.

An Bord von Billigfluggesellschaften gibt es keine Bordmenüs, Kinderessen oder kostenlose Snacks. Hier können gegen Bezahlung Snacks, Sandwiches und Schokoriegel erworben werden.

Ob Ihrem Kind das Kindermenü im Flugzeug schmeckt? Kindermenüs bestehen meist aus etwas frischem Obst, einem Obstsaft, einem gefälligen Kindergericht wie Spaghetti, Chicken Nuggets oder Würstchen sowie einem Joghurt oder Küchlein. Fast immer gibt es Süßigkeiten und manchmal auch noch etwas Spielzeug dazu.

> **●● ACHTUNG**
>
> Für Babys, die ohne Sitzplatzanspruch auf dem Schoß eines Erwachsenen mitreisen, gibt es häufig nur auf Nachfrage ein Babygläschen. Schoßbabys haben keinen Anspruch auf ein Kindermenü. Wenn Ihr Kind bereits fast zwei Jahre alt ist, wird ihm das Babyessen mitunter nicht ausreichen. Am besten sorgen Sie selbst vor und bringen ausreichend Essen für Ihr Kind mit an Bord.

Was kostet ein Kindermenü im Flugzeug?

Je günstiger der Flug, umso weniger Extraleistungen wie spezielle Menüs für Kinder sind im Preis inbegriffen.

- **Linienfluggesellschaften:** Auf Langstreckenflügen und den meisten Mittelstreckenflügen ist ein Menü für jeden Fluggast ab zwei Jahren im Preis inbegriffen. Spezielle Kindermenüs können in der Regel ohne Aufpreis vorbestellt werden.
- **Pauschalfluggesellschaften:** Kindermenüs gibt es bei Pauschalfliegern meist nur gegen Gebühr und auf Vorbestellung. Bordmenüs für Erwachsene hingegen sind normalerweise im Preis inbegriffen. Hier gibt es oft ein Nudelgericht, das auch Kinder mögen. Der Preis für ein Kindermenü variiert je nach Airline und liegt zwischen 6,50 Euro und 15 Euro pro Menü und Flugstrecke.
- **Billigfluggesellschaften:** Es gibt keine Kindermenüs. Fluggäste dürfen ihr Essen selbst mit an Bord bringen oder können an Bord einen Imbiss oder ein Bordmenü kostenpflichtig erwerben.

An Bord

> **●● ACHTUNG**
>
> Achten Sie bei Buchung Ihres Fluges auf Ihre Buchungsklasse. Immer häufiger bieten auch Linienfluggesellschaften preiswerte Tickets an, die günstiger sind und dafür weniger Zusatzleistungen enthalten. Ist das Bordmenü in Ihrer Buchungsklasse nicht enthalten, können Sie es oft gegen Gebühr hinzubuchen.

> **●● TIPP**
>
> Achten Sie auf die bisweilen versteckten Kosten für Kindermenüs. Sparen Sie das Geld, seien Sie frühzeitig am Flughafen und essen Sie in einem der Restaurants oder Snackbars vor dem Check-in. Das ist meist günstiger, Sie haben mehr Auswahl bei den Speisen und können sicherstellen, dass Ihr Kind beim Boarding glücklich und satt ist.

Wie kann ich ein Kindermenü für mein Kind bestellen?

Die Vorbestellung für ein Kinderessen muss je nach Airline spätestens 48 bis 24 Stunden vor Abflug erfolgt sein.

Wer versäumt, ein Kindermenü für sein Kind zu bestellen, hat während des Fluges keinen Anspruch auf diese Extraleistung. Ihr Kind hat dann keine Wahl und muss sich mit dem begnügen, was als reguläres Bordmenü für alle ausgegeben wird.

Kindermenüs müssen bei allen Fluggesellschaften vor Abflug bestellt werden. Dabei ist es unerheblich, ob das Essen im Flugpreis inbegriffen ist oder kostenpflichtig hinzugebucht werden muss.

Am besten denken Sie bereits bei der Flugbuchung daran, das Kinderessen mitzubestellen. Sie können das aber oft noch zu einem späteren Zeitpunkt nachholen, indem Sie die Hotline der jeweiligen Airline anrufen (unter Umständen ist der Anruf bei

der Hotline kostenpflichtig). Bei manchen Airlines können Sie bei Ihrer Flugbuchung online ein Kindermenü hinzufügen.

Bekomme ich im Flugzeug auch Babynahrung?

Das hängt von der Flugstrecke, dem Flugzeugtyp und der Fluggesellschaft ab. Auf kurzen Flugstrecken und in kleineren Maschinen halten die meisten Fluggesellschaften keine Babynahrung bereit. Auf Langstreckenflügen und in großen Flugzeugen stehen die Chancen besser. Erkundigen Sie sich vor der Reise, ob ein entsprechender Service angeboten wird.

> **•• TIPP**
>
> Die Auswahl und Menge an Babynahrung an Bord ist gering. Sorgen Sie am besten selbst für das kulinarische Wohlbefinden Ihres Babys und bringen Sie sein Lieblingsessen in ausreichender Menge inklusive einer Extraration mit.

Wie und wo kann ich mein Baby im Flugzeug stillen?

An Bord eines Flugzeugs gibt es keinen Rückzugsort für Sie, an dem Sie Ihr Baby ungestört stillen können. Sie müssen es also an Ihrem Sitzplatz stillen. Normalerweise wird daran niemand Anstoß nehmen, solange Sie es dezent machen. Insbesondere auf Langstreckenflügen mit internationalem Publikum sollten Sie aus Rücksicht gegenüber Fluggästen aus anderen Kulturkreisen Ihre Brust bedeckt halten und Ihr Baby mit einem leichten Baumwolltuch gegen fremde Blicke abschirmen.

Sitzt Ihr Baby im Autokindersitz auf einem eigenen Sitzplatz, gestaltet sich die Stillfrage problematisch. Während Start und Landung sollte Ihr Baby angeschnallt im Kindersitz sitzen. In diesem Fall können Sie es nicht stillen, wie allgemein empfohlen

An Bord

wird, um ihm den Druckausgleich zu erleichtern und Ohrenschmerzen vorzubeugen (→ *Bekommen alle Babys und Kleinkinder beim Fliegen Ohrenschmerzen?*, Seite 30). Auch bei Turbulenzen sollte Ihr Baby im Autokindersitz sitzen und kann somit nicht gestillt werden.

Schreit Ihr Baby und möchte gestillt werden, versuchen Sie, es zu beruhigen. Manchmal hilft ein Schnuller.

> •• TIPP
>
> Wenn das Flugzeug nicht ausgebucht ist, können Sie sich eventuell zum Stillen auf einen freien Sitzplatz im hinteren, ruhigeren Bereich des Flugzeugs zurückziehen. Lassen Sie sich zum Stillen jedoch nicht in ein enges Flugzeug-WC verbannen!
>
> Ihr Stillkissen lassen Sie bitte zu Hause. Aus einem oder zwei Kopfkissen und einer Decke können Sie sich im Flugzeug hervorragend einen adäquaten Ersatz bauen.

WICKELN UND TOILETTENGANG

Gibt es in allen Flugzeugen Wickeltische?

Nein. Insbesondere bei Regionalfluggesellschaften sowie bei Fluggesellschaften in Entwicklungsländern, wo noch kleinere und ältere Flugzeuge im Einsatz sind, kann es sein, dass es keinen Wickeltisch auf der Bordtoilette gibt. Das Vorhandensein einer Wickelmöglichkeit ist abhängig vom Flugzeugtyp und den Möglichkeiten der Fluggesellschaft.

Auf Flügen mit großen und internationalen Fluggesellschaften, insbesondere in und nach Europa, sind normalerweise Wickelmöglichkeiten auf den Bordtoiletten vorhanden.

Was mache ich, wenn es an Bord keinen Wickeltisch gibt?

Ein Baby im Liegen auf dem zugeklappten Toilettensitz zu wickeln, ist nicht nur gefährlich, sondern auch unhygienisch. Gibt es keinen Wickeltisch auf der Bordtoilette, müssen Sie Ihr Kind (falls es nicht im Stehen gewickelt werden kann) woanders wickeln. Seiner empfindlichen Haut zuliebe sollte es jedenfalls keine Option sein, es in einer vollen Windel sitzen zu lassen. Dezente Möglichkeiten sind:

- die *galley*, also der kleine Raum, in dem das Flugpersonal die Getränke und Mahlzeiten zubereitet
- der Platz vor den Sitzen in der ersten Reihe (Eltern-Kind-Reihe) oder vor dem Notausgang
- das Babybassinet
- eine leere Sitzreihe
- der eigene Flugzeugsitz
- Ihr Schoß (sowohl für kleine Babys, die liegen, als auch für größere, die stehen)

Sitzen Sie neben dem anderen Elternteil, können Sie sich ein wenig zueinander drehen und kleinere Babys auf Ihren Beinen wickeln. Legen Sie eine Decke oder Wickelunterlage unter. Derjenige mit dem „stinkigen Ende" wickelt, der andere reicht die Utensilien und bespaßt das „obere Ende". Ihre Körper dienen dabei als effektiver Sichtschutz.

Versuchen Sie, den Vorgang möglichst schnell hinter sich zu bringen und lassen Sie sich von Ihrem Partner eventuell mit einer Decke oder einem Tuch abschirmen, um andere Passagiere nicht zu belästigen. Fragen Sie in jedem Fall unbedingt vorher das Flugpersonal, welche Möglichkeit es vorschlägt. Vielleicht dürfen Sie auch in die Toilette der Business Class gehen, wo es eventuell doch einen Wickeltisch gibt? Fragen kostet nichts!

An Bord

Wie viele Windeln muss ich für den Flug einpacken?

Jedes Baby ist anders und benötigt eine andere Windelmenge pro Tag. Es gibt also keine Faustregel. Abhängig von der Tageszeit und Länge Ihres Fluges sowie Ihren Wickelgewohnheiten müssen Sie die für Ihr Baby ausreichende Windelmenge ermitteln. Und zwar für die gesamte Reise von Ihrer Haustür bis zum Urlaubsort, nicht nur für die reine Flugzeit.

Und so gehen Sie vor: Beobachten Sie bereits zu Hause über mehrere Tage den Windelverbrauch Ihres Kindes. Auf diese Weise können Sie die zu erwartende durchschnittliche Tagesmenge ermitteln. Wenn Sie nun einen Langstreckenflug mit Ihrem Kind unternehmen, sollten Sie mindestens eine Tagesration an Windeln plus einen Sicherheitspuffer (Empfehlung: mindestens 50 Prozent) mit ins Handgepäck packen.

●● TIPP

Packen Sie eine extragroße Packung Feuchttücher ein. Nicht nur fürs Wickeln, sondern auch für den allgemeinen Gebrauch im Flugzeug.

Auch wenn im Alltag zu Hause eigentlich nie die Windel ausläuft – die Wahrscheinlichkeit ist groß, dass dies während Ihres Fluges passiert. Sobald Sie Anzeichen bemerken, dass die Windel voll ist, sollten Sie umgehend die Windel wechseln, um Katastrophen zu vermeiden. Selbst wenn es keine Anzeichen für eine volle Windel gibt, sollten Sie alle ein bis zwei Stunden die Windel überprüfen.

> **●● ACHTUNG**
>
> Viele Eltern ermitteln lediglich den Windelbedarf für den Flug. Was ist aber, wenn es zu unerwarteten mehrstündigen Flugverspätungen kommt oder sogar ein Flug gestrichen wird? Auch für diesen Fall sollten Sie gerüstet sein und einen entsprechenden Windelpuffer einpacken. Bei kurzen Flügen verdoppeln Sie die errechnete Windelmenge einfach.

Gibt es an Bord Windeln für mein Baby?

Auf vielen Mittel- und Langstreckenflügen halten Linienfluggesellschaften und manche Pauschalfluggesellschaften eine Notration an Windeln, Feuchttüchern und auch Babycreme für die kleinen Gäste bereit. Auf Kurzstreckenflügen innerhalb Europas wird dieser Service meist nicht angeboten.

> **●● ACHTUNG**
>
> Verlassen Sie sich nicht darauf, dass es an Bord Windeln gibt! Oft genug kommt es vor, dass der Windelvorrat nicht aufgefüllt wurde. Zudem gibt es die Windeln meist nur in einer Standardgröße, die passt oder eben auch nicht.

> **●● TIPP**
>
> Falls Ihr Windelvorrat für den Flug wider Erwarten nicht ausreicht und Ihnen die Flugbegleiter nicht weiterhelfen können, scheuen Sie sich nicht, andere Eltern um Hilfe zu bitten. Wenn diese genügend Windeln dabeihaben, werden sie Ihnen sicher mit einer Windel aushelfen.

An Bord

Anleitung zum Babywickeln über den Wolken

Das Wickeln eines Babys oder kleinen Kindes in einer engen und oft auch schmutzigen Bordtoilette gestaltet sich mitunter schwierig. Darauf sollten Sie achten:

- **Am Sitzplatz unnötige Kleidung ausziehen:** Entkleiden Sie Ihr Baby soweit wie möglich bereits an Ihrem Sitzplatz und nehmen Sie es nur noch mit dem Body bekleidet mit in die enge Bordtoilette.
- **Nur das Nötigste mit zur Bordtoilette nehmen:** Der Platz und die Ablageflächen in der Bordtoilette sind sehr limitiert. Sie benötigen aber beide Hände, um Ihr Baby zu wickeln und es gleichzeitig bei leichten Turbulenzen vor dem Herunterfallen zu schützen. Die prall gefüllte Wickeltasche hat hier nichts zu suchen. Nehmen Sie nur eine Windel, Feuchttücher, eine Wegwerf-Wickelunterlage sowie einen Ersatzbody mit in die Bordtoilette. Eine kleine Umhängetasche für diese Utensilien ist empfehlenswert, damit sie nicht herunterfallen.
- **Säuglinge im Liegen wickeln:** Der Wickeltisch ist im Regelfall ein herunterklappbares Brett über der Toilette. Hier ist meist nur Platz für Säuglinge und Babys bis zu einem Alter von etwa acht Monaten.
- **Größere Babys und Kleinkinder im Stehen wickeln:** Kinder, die nicht im Liegen gewickelt werden können, müssen Sie im Stehen wickeln. Das geht auch mit Kindern, die noch nicht eigenständig stehen können. Diese Kinder können sich an der Wand oder an Ihren Schultern abstützen. Sehr große Kinder, die bereits für den Wickeltisch zu groß sind, können Sie auf die geschlossene Toilettenschüssel stellen.

> **●● ACHTUNG**
>
> Bitte lassen Sie beim Wickeln auf der Bordtoilette immer eine Hand am Kind, damit es sich unter keinen Umständen bei unerwarteten Turbulenzen verletzt. Schließen Sie unbedingt den WC-Deckel unter dem Wickeltisch.

> **●● TIPP**
>
> Falls Ihr Kind noch nie im Stehen gewickelt wurde, sollten Sie das vor der Reise bereits zu Hause ein paar Mal üben.
>
> ---
>
> Wenn es eine Warteschlange vor der Bordtoilette gibt, bitten Sie darum, vorgelassen zu werden. Die meisten Mitreisenden lassen Eltern mit Baby auf dem Arm oder einem kleinen Kind mit zusammengekniffenen Beinen bereitwillig Vortritt.

> **●● INFO**
>
> Die meisten Fluggäste suchen direkt nach dem Essen, wenn die Tabletts abgeräumt wurden, sowie etwa eine Stunde vor der Landung die Bordtoilette auf. Wenn möglich, sollten Sie vor dem Ansturm der Massen die Bordtoilette aufsuchen, dann ist diese oft noch sauber.

Wir sind gerade mitten im Töpfchentraining. Was machen wir auf dem langen Flug?

Für Kinder, die sich mitten im Töpfchentraining befinden, stellt ein Flug mitunter eine große Herausforderung dar. Denn wenn ein Kind zur Toilette muss, dann meistens sofort! Und das ist in vielen Situationen an Bord eines Flugzeugs nicht ohne Weiteres möglich: Bei Start, Landung sowie bei Turbulenzen müssen alle

An Bord

Fluggäste auch über längere Zeit angeschnallt auf ihren Sitzplätzen verharren. Während der Essensausgabe ist ein Toilettenbesuch schwierig und kurz vor der Landung ist die Warteschlange vor den Toiletten meist lang.

Hinzu kommt, dass Bordtoiletten meist keine besonders freundlichen Orte sind: Hier ist es eng und stickig. Mit Fortschreiten des Fluges werden sie immer unhygienischer.

Erklären Sie Ihrem Kind die besondere Situation. Wenn Ihr Kind im Ernstfall noch nicht lange genug anhalten kann, versuchen Sie, es davon zu überzeugen, dass es (ausnahmsweise) während des Fluges noch einmal eine Windel tragen muss. Der richtige Zeitpunkt fürs Windelanziehen ist nach der Sicherheitskontrolle und vor dem Boarding. Um für Malheure gewappnet zu sein, sollten Sie unbedingt mindestens einen Satz Wechselkleidung für Ihr Kind ins Handgepäck packen.

Für das Geschäft auf der Bordtoilette haben sich *portable Toilettenringaufsätze* (20) für Kinder bewährt. Diese lassen sich zusammenfalten und einfach im Handgepäck verstauen. Es gibt sie in verschiedenen Ausführungen – von ganz einfach (Auflage aus Hartplastik für den Toilettenring) bis hin zu einem portablen, zusammenfaltbaren Reisetöpfchen mit einsetzbaren Tütchen. Legen Sie diese Kloaufsätze einfach auf den Toilettenring.

> **•• TIPP**
>
> Vor dem Boarding sollten alle Familienmitglieder noch einmal eine Flughafen-Toilette aufsuchen.

Landung und Einreise

Gibt es eine Sonderbehandlung für Familien bei der Einreise?

In den meisten Ländern gibt es bei der Einreise (*immigration*) keine Sonderbehandlung für Familien mit kleinen Kindern. Sie müssen sich zusammen mit allen anderen Passagieren in die meist langen Warteschlangen stellen. Wenn Sie Glück haben, hat ein Mitarbeiter der Einreisebehörde mit Ihnen Mitleid und schleust Sie mit einem Baby auf dem Arm an der langen Warteschlange vorbei. Aber rechnen Sie nicht damit, das ist leider die Ausnahme!

Wie überstehen wir mehrere Stunden Wartezeit bei der Einreise?

Wer Pech hat und zu einem Zeitpunkt ankommt, zu der mehrere Flüge gleichzeitig landen, muss mitunter mit mehreren Stunden Wartezeit bei der Einreise rechnen. Dies passiert gehäuft an großen, internationalen Flughäfen, insbesondere in den USA. Wenn zusätzlich bei hohen Außentemperaturen die Klimaanlage ausfällt, dann kann die Einreiseprozedur für die gesamte Familie zur Tortur werden.

So überstehen Sie lange Wartezeiten bei der Einreise:

- Lassen Sie sich beim Aussteigen Zeit und suchen Sie noch vor dem Einreihen in die Warteschlange ein Familien-WC auf (→ *Was erwartet uns bei der Ankunft?*, Seite 183).
- Wenn Sie bereits wissen, dass Sie voraussichtlich sehr lange in der Warteschlange stehen müssen, lassen Sie Ihr Kind vor dem Erreichen der Schlange etwas rennen und toben.
- Falls Ihr Kind es nach dem langen Flug zulässt, setzen Sie es in den Buggy oder in die Babytrage. Mit etwas Glück schlummert es ein und verschläft die ganze Prozedur.

Landung und Einreise

- Halten Sie für die Wartezeit Getränke und Snacks für Ihr Kind bereit.
- Stellen Sie sicher, dass Sie die notwendigen Einreisedokumente für alle Mitreisenden (auch für Ihr Kind) ausgefüllt haben. Oftmals erhalten Sie diese bereits an Bord des Flugzeugs. Ansonsten finden Sie entsprechende Formulare an den Einreiseschaltern des Ankunftsflughafens.
- Wenn die Wartezeit sich wie Kaugummi zieht: Sorgen Sie für Abwechslung. Unterhalten Sie Ihr Kind mit Fingerspielen, beschäftigen Sie sich mit ihm. Eventuell kann auch ein Elternteil mit dem Kind außerhalb der Warteschlange spielen, während der andere Elternteil „die Stellung hält".

•• TIPP

Wer es ganz genau wissen möchte, kann sich auf der Webseite des Ankunftsflughafens nach zeitgleich landenden Flugzeugen (*arrivals*) und somit vermutlich längeren Wartezeiten bei der *immigration* erkundigen.

•• INFO

Bei Reisen innerhalb des Schengener Raumes entfallen die zeitraubenden Passkontrollen bei der Einreise.

Muss ich Milchpulver bei der Einreise angeben?

In manchen Ländern wie beispielsweise den USA, Australien und Neuseeland gelten strenge Einfuhrregeln für Lebensmittel. Frische Nahrungsmittel wie Äpfel oder Bananen dürfen oft nicht eingeführt werden. Verzehren Sie daher alle frischen Naturalien oder lassen Sie sie beim Aussteigen an Bord zurück. Abgepacktes Milchpulver und Babynahrung in Gläschen stellen erfahrungsgemäß kein Problem dar. Um aber unnötige Verzögerungen bei der Einreise zu

vermeiden, sollten Sie Milchpulver und Babynahrung wahrheitsgemäß auf der Einreisekarte – sofern danach gefragt wird – angeben.

> **•• ACHTUNG**
>
> Die Angaben zur Einfuhr beziehen sich nicht nur auf das aufgegebene Gepäck, sondern auch auf Artikel, die Sie im Handgepäck einführen.

Wie viel Zeit benötigen wir für das Umsteigen mit Kind?

Wie viel Zeit Sie für das Umsteigen mit Kind benötigen, ist abhängig davon, ob Sie Ihr Gepäck bis zum Zielflughafen durchchecken können oder ob Sie am Umsteigeort bereits die Einreiseformalitäten erledigen müssen.

Transitflug

Wenn Sie beim Umsteigen den Transitbereich nicht verlassen, weil Sie unmittelbar in ein anderes Land weiterreisen, benötigen Sie normalerweise wenig Zeit zum Umsteigen. Um Ihre Koffer müssen Sie sich meist nicht kümmern, solange Sie mit derselben Fluggesellschaft weiterfliegen. Achten Sie darauf, dass auf Ihren Gepäckaufklebern der richtige Flughafencode steht.

Einreise

Anders verhält es sich, wenn Sie beispielsweise von Frankfurt nach Honolulu/Hawaii (USA) über Seattle (USA) fliegen. Bereits beim ersten Bodenkontakt müssen Sie in den USA die Einreiseformalitäten erledigen. Das bedeutet, dass Sie am Umsteigeort nach der Landung die gesamte Einreiseprozedur inklusive *immigration* über sich ergehen lassen müssen, was mehrere Stunden dauern kann. Im Anschluss müssen Sie bei der Gepäckausgabe (*baggage claim*) Ihr gesamtes Gepäck einsammeln und damit den Zoll passieren. Erst dann können Sie Ihr Gepäck für den Weiterflug

erneut aufgeben. Auch durch die Sicherheitskontrolle müssen Sie noch einmal, um zum Gate zu gelangen.

So sieht in diesem Beispiel die zeitaufwendige Umsteigeprozedur aus:
(1) Aussteigen → (2) Einreise → (3) Gepäckausgabe → (4) Zoll → (5) Gepäckaufgabe → (6) Sicherheitskontrolle → (7) zum Gate gehen → (8) Boarding

Für ein Umsteigen inklusive Einreiseformalitäten sollten Sie mit Kind mindestens vier Stunden einplanen.

> **●● TIPP**
>
> Vermeiden Sie, wenn möglich, in den USA Umsteigeflüge mit inländischem Weiterflug. Transitverbindungen mit wenigen Stunden Wartezeit sind hingegen meist auch mit Kindern gut zu meistern.

Was tun wir, wenn ein Gepäckstück verloren geht?

Wenn ein Gepäckstück – sei es ein Koffer, der Autokindersitz oder der Buggy – nicht am Zielflughafen auf dem Gepäckband liegt, gilt als oberste Regel: Ruhe bewahren. Das fällt nach einem langen Flug mit Kind nicht immer leicht.

Als Erstes sollten Sie direkt nach der Ankunft bei Ihrer Fluggesellschaft oder Ihrem Reiseveranstalter eine formelle Verlustmeldung aufgeben. Dafür müssen Sie jetzt die Gepäckabschnitte (*baggage tags*), die Sie beim Check-in erhalten haben, vorlegen. Die meisten Fluggesellschaften unterhalten hierfür am Flughafen Gepäckermittlungsschalter (*lost & found counter*). Hier erhalten Sie eine schriftliche Bestätigung mit einer Referenznummer.

Viel mehr können Sie in diesem Moment nicht tun. Ihr Gepäck wird nun gesucht. Sie werden benachrichtigt, wenn es gefunden wurde.

Landung und Einreise

> **•• TIPP**
>
> Um im kritischen Moment einen kühlen Kopf zu bewahren und zu wissen, was Ihre Rechte sind, empfiehlt sich die App *Fluggastrechte* (21) der Europäischen Kommission. Diese können Sie sich kostenlos auf Ihr Handy herunterladen und offline an jedem Ort der Welt benutzen (→ *Wie können wir unser Fluggepäck vor Verlust schützen?*, Seite 116).

Was erwartet uns bei der Ankunft?

Bis Sie schließlich samt Kind und Kegel an der Bordsteinkante vor dem Flughafen stehen, müssen Sie noch einige Dinge hinter sich bringen. Familien planen ihre Flugreise meist minutiös bis zum Aufenthalt im Flugzeug. Wie es jedoch nach der Ankunft am Zielflughafen weitergeht und welche schwierigen Situationen Sie dann mit Ihren Kindern noch meistern müssen, wird oft unterschätzt. So minimieren Sie den Stresspegel bei der Ankunft:

- **Zuletzt aussteigen:** Nach einem langen Flug haben die meisten Menschen das Bedürfnis, schnellstmöglich das Flugzeug zu verlassen. Als Familie sollten Sie diesem natürlichen Drang nicht nachgeben. Lassen Sie zuerst alle Mitreisenden aussteigen. Die Zeit läuft Ihnen nicht davon. Wenn Sie Ihren Buggy beim Boarding am Gate eingecheckt haben, erhalten Sie diesen wahrscheinlich direkt an der Flugzeugtür zurück. Vermutlich müssen Sie ein wenig warten. Es empfiehlt sich, diese Wartezeit mit Kind im sicheren Flugzeug zu verbringen, anstatt neben dem Flugzeugeingang eingezwängt auf der engen Fluggastbrücke zu stehen, während alle anderen mit ihrem Handgepäck beladen an Ihnen vorbeieilen.
- **Sitzplatz überprüfen:** Nutzen Sie die Zeit und sortieren Sie sich: Sammeln Sie an Ihrem Platz alle persönlichen Gegenstände ein. Überprüfen Sie alle Sitztaschen, Sitzritzen, das Gepäckfach über Ihnen und den Fußboden unter den Sitzen. Ziehen Sie Ihrem Kind die Schuhe an.

- **Aussteigen:** Je nach Alter und Fitness Ihres Kindes können Sie es nun aus dem Flugzeug tragen oder laufen lassen. Viele Kinder sind froh, sich endlich wieder bewegen zu dürfen. Passen Sie auf, dass Sie Ihr Kind nicht aus den Augen verlieren. Tragen Sie Ihr Baby auf dem Arm aus dem Flugzeug und setzen Sie es erst nach dem Windelstopp im nächsten Wickelraum in die Babytrage. Wenn Sie als Letzte aussteigen, haben Sie vielleicht eine Chance, den Flugkapitän zu fragen, ob Ihr Kind noch einmal einen kurzen Blick ins Cockpit werfen darf.
- **Erster Stopp Familien-WC/Wickelraum:** Nach dem langen Flug sollten Sie erst einmal den nächstgelegenen Wickelraum oder einen *family bathroom* aufsuchen. Ihr Baby benötigt eine frische Windel und eventuell saubere Kleidung. Nutzen auch Sie die Gelegenheit, um sich frisch zu machen und die Toilette zu benutzen. Ziehen Sie sich um und passen Sie Ihre Kleidung jetzt an die örtlichen Gegebenheiten an: In wärmeren Gefilden ziehen Sie Ihrem Kind die Strumpfhose aus, in kühleren Regionen wird eine Strickjacke drübergezogen. Stillkinder sollten noch einmal gestillt werden. Erfrischt und gestärkt, sind Sie jetzt bereit für die weiteren Strapazen.
- **Einreise (*immigration*):** Je nach Reiseziel müssen Sie jetzt die Passkontrolle für die Einreise meistern. Sind Sie mit einem EU-Reisedokument innerhalb der EU unterwegs, dann entfällt dieses Prozedere. Wenn Sie aber zum Beispiel in die USA reisen, wurden Ihnen bereits im Flugzeug Einreisekarten für alle Passagiere (auch für Babys) ausgehändigt. Diese müssen Sie nun zusammen mit Ihren Reisepässen ausgefüllt bereithalten.

An manchen Flughäfen, insbesondere bei der Einreise in die USA, kann die *immigration* sehr lange dauern (→ *Wie überstehen wir mehrere Stunden Wartezeit bei der Einreise?*, Seite 178). Jetzt ist ein letztes Mal viel Geduld gefragt. Achten Sie darauf, dass Ihr Baby nicht unter den Absperrungen hindurchkrabbelt, wo Sie es nicht wieder einfangen können. Manche Kinder haben Angst vor den oftmals grimmig drein-

Landung und Einreise

schauenden Beamten der Einwanderungsbehörde. Erklären Sie Ihren Kindern, dass diese Menschen so böse gucken müssen, aber es gar nicht so meinen. Wenn Sie Glück haben, werden Sie als Familie mit kleinen Kindern aus der langen Warteschlange herausgewinkt und dürfen schneller die Einreisekontrolle passieren.

- **Gepäckausgabe** (*baggage claim*): Nun müssen Sie Ihr Reisegepäck einsammeln. Ihre Koffer erhalten Sie bei der Gepäckausgabe. Meist gibt es hier automatische Kofferbänder, von denen Sie Ihre Gepäckstücke herunternehmen müssen. Am Kofferband herrscht oft dichtes Gedränge. Kleine Kinder werden hier leicht von den Mitreisenden übersehen und können sich am fahrenden Kofferband oder bei einer Unachtsamkeit verletzen. Bewährt hat sich hier eine Arbeitsteilung: Während sich ein Erwachsener etwas abseits vom Trubel um die Kinder kümmert, sammelt der andere Elternteil alle Koffer vom Kofferband und lädt sie auf einen Kofferwagen. Wenn Sie allein reisen, können Sie Ihr Kind in einer Babytrage tragen, damit Sie beide Hände für die Kofferannahme freihaben. Alternativ setzen Sie Ihr Kind in den Buggy, schnallen es an und parken es etwas abseits (nicht zu weit entfernt) außerhalb der Gefahrenzone.

Große Gepäckstücke sowie Buggys, Autokindersitze und Reisebettchen werden nicht über das Kofferband ausgeliefert. Diese müssen Sie meistens an einem separaten Gepäckausgabeschalter für Sondergepäck abholen. Manchmal werden die Gegenstände aber auch etwas abseits einfach zur Abholung abgestellt. Fragen Sie einen Flughafenmitarbeiter, wo Sie Ihr Sondergepäck finden können.

In Ländern, wo *biosecurity* von großer Bedeutung ist, wie beispielsweise in Neuseeland oder Kanada, sind Spürhunde im Einsatz. Diese Hunde sind auf das Auffinden von unerwünschtem pflanzlichen Material (zum Beispiel Unkrautsamen oder vergessene Äpfel) im Reisegepäck abgerichtet. Halten Sie Ausschau nach diesen Hunden und nehmen Sie ängstliche Kinder besser auf den Arm.

- **Zoll** (*customs*): Vermutlich müssen Sie für die Einreise eine ausgefüllte Zollerklärung vorlegen. Das entsprechende Formular wurde Ihnen wahrscheinlich bereits im Flugzeug ausgehändigt. Pro Person (also auch pro Baby und Kind) müssen Sie ein Formular ausfüllen. Seien Sie ehrlich bei den Angaben, auch bezüglich Babynahrung, die Sie einführen möchten. Wenn keine frischen Lebensmittel eingeführt werden dürfen, halten Sie sich an diese Regel. Oft finden Sie im Einreisebereich große Mülltonnen, wo Sie jetzt noch Unerwünschtes entsorgen können. Wenn Sie nichts zu verzollen oder anzuzeigen haben, gehen Sie direkt zu dem mit grünen Schildern markierten Ausgang. Haben Sie etwas anzumelden, nutzen Sie bitte den roten Ausgang.

Geschafft! Nun stehen Sie vor dem Flughafen und der Urlaub kann endlich beginnen. Viel Spaß!

●● ACHTUNG

Manche Länder (oder Inseln) fordern bei der Einreise die Vorlage eines gültigen Rückflug- oder Weiterflugtickets, den Nachweis einer Unterkunft oder von genug Reisekapital. Deshalb empfiehlt sich die Mitnahme dieser Nachweise im Handgepäck.

●● INFO

In Neuseeland werden Familien mit Kindern bis zu einem Alter von fünf Jahren nach der Einreise bei der Zollkontrolle an den langen Warteschlangen vorbeigeschleust. Halten Sie Ausschau nach der Reihe mit dem Schild *Air Crew and Special Facilitation*.

Landung und Einreise

> **•• TIPP**
>
> In der Ankunftshalle herrscht meist reger Betrieb. Wenn Sie einen Hoteltransfer gebucht haben, werden Sie wahrscheinlich bereits von einer Person mit Schild in den Händen erwartet. Für Individualreisende gibt es in der Ankunftshalle Schalter der Mietwagenanbieter und Geldautomaten. Orientieren Sie sich und folgen Sie der Ausschilderung - aber verlieren Sie dabei Ihre Kinder und Ihr Gepäck nicht aus den Augen.

Bonuskapitel: Schwanger fliegen

Ich bin schwanger. Darf ich noch fliegen?

Grundsätzlich ja, solange Ihre Schwangerschaft komplikationsfrei verläuft.

Jede Schwangerschaft verläuft jedoch anders. Auch wenn Sie bereits Kinder haben und in der Vergangenheit Ihre Schwangerschaften problemlos gemeistert haben, muss dies nicht bedeuten, dass dies bei Ihrer aktuellen Schwangerschaft wieder so ist.

Wann ist die beste Reisezeit während der Schwangerschaft?

Für eine Flugreise empfehlen Frauenärzte das zweite Schwangerschaftsdrittel, also die Zeit zwischen dem vierten und sechsten Schwangerschaftsmonat. Während dieser Zeit ist das Komplikationsrisiko am niedrigsten. Das Ungeborene ist fast fertig entwickelt. Die Morgenübelkeit, die auf Reisen und vor allem im Flugzeug sehr lästig sein kann, ist im Regelfall überstanden. Und der Bauch ist noch nicht so dick, dass er Sie massiv in Ihrer Bewegungsfreiheit einschränkt.

Ab dem siebten Schwangerschaftsmonat wird alles beschwerlicher – im wahrsten Sinne des Wortes. Viele Frauen müssen nun oft zur Toilette und fühlen sich sehr unbeweglich. Das lange Sitzen auf einem schmalen Economy-Class-Sitz kann dann zur Tortur werden.

Während des ersten Schwangerschaftsdrittels raten Ärzte eher von einer Flugreise ab. Das Fehlgeburtsrisiko ist während dieser Zeit am höchsten. Und was ist, wenn Sie wirklich während Ihres Fluges oder auf Ihrer Reise eine Fehlgeburt erleiden und sich dann womöglich lange fragen, ob diese ohne die Reise nicht passiert wäre?

Schwanger fliegen

Bis wann nehmen Fluggesellschaften Schwangere überhaupt mit?

Bei unkompliziert verlaufenden Schwangerschaften können Sie problemlos und ohne Attest bis einschließlich zur 28. Schwangerschaftswoche fliegen. Bei vielen Fluggesellschaften, darunter auch den deutschen Fluggesellschaften Airberlin, Condor, Tuifly, Germanwings sowie Lufthansa, ist dies sogar bis zum Ende der 36. Schwangerschaftswoche möglich.

Andere Fluggesellschaften, beispielsweise Ryanair, verlangen ab der 29. Schwangerschaftswoche eine Flugtauglichkeitsbescheinigung von Ihrem Arzt oder Ihrer Hebamme, die nicht älter als zwei Wochen sein darf. Ähnlich handhaben es viele andere ausländische Fluggesellschaften.

●● ACHTUNG

Die Fluggesellschaft interessiert lediglich Ihre Schwangerschaftswoche während des geplanten Rückflugdatums. Damit Sie die aktuelle Schwangerschaftswoche im Zweifelsfall nachweisen können, sollten Sie neben einer gültigen Flugtauglichkeitsbescheinigung (Attest) auch Ihren Mutterpass ins Handgepäck packen.

●● TIPP

Informieren Sie sich rechtzeitig vor Ihrem Flug auf der Webseite Ihrer Fluggesellschaft und der Botschafts-Webseite Ihres Reiselandes über die Bestimmungen für werdende Mütter.

> **•• INFO**
>
> In manchen Ländern gibt es spezielle Einreisebestimmungen für Schwangere. Für eine Reise nach Singapur benötigen Sie bereits ab dem sechsten Schwangerschaftsmonat ein ärztliches Attest und einen *social visit pass* von Ihrem Konsulat. Eine Reise nach Malaysia ab dem sechsten Monat ist aufgrund der Einreisebestimmungen für Schwangere überhaupt nicht mehr möglich. Einige Länder verweigern Hochschwangeren die Einreise, um „Staatsangehörigkeits-Tourismus" vorzubeugen. Dies betrifft insbesondere Länder, in denen jedes neugeborene Kind automatisch eine Staatsangehörigkeit erhält, wie beispielsweise die USA.
>
> ---
>
> Manche Fluggesellschaften nehmen im Ausnahmefall auch noch Hochschwangere mit. Wenn Sie nach der 36. Schwangerschaftswoche noch fliegen müssen, können Sie versuchen, beim medizinischen Center der Fluglinie eine Ausnahmegenehmigung zu erhalten. Dafür benötigen Sie ein ärztliches Attest, das zum Zeitpunkt des Abfluges höchstens drei Tage alt sein darf.

Wann sollten werdende Mütter nicht mehr fliegen?

Verläuft Ihre Schwangerschaft ohne Komplikationen, wird Ihr Frauenarzt nichts gegen einen Flug einzuwenden haben. Auf eine Flugreise verzichten sollten Sie allerdings, wenn einer oder mehrere der folgenden Punkte auf Sie zutrifft:
- Es gab während Ihrer Schwangerschaft bereits Komplikationen
- Sie leiden unter Herz- und Kreislauferkrankungen
- Sie leiden unter Blutarmut oder Gerinnungsstörungen (Neigung zu schnellem Bluten)
- Sie haben bereits eine Früh- oder Fehlgeburt erlitten
- Sie erwarten Mehrlinge

Schwanger fliegen

Wenn Sie älter als 35 Jahre sind, steigt das Thromboserisiko. Auch Frauen, die unter Flugangst leiden, sollten von einem Flug während der Schwangerschaft absehen.

> **•• INFO**
>
> Wir können an dieser Stelle keine gesundheitliche Beratung geben. Bitten Sie Ihren Frauenarzt um eine Einschätzung Ihres Gesundheitszustands.

Wie gefährlich ist die Röntgenstrahlung bei der Sicherheitskontrolle für das Ungeborene?

Alle Flugpassagiere durchschreiten bei der Sicherheitskontrolle eine Torsonde, die mit elektromagnetischer Strahlung arbeitet. Diese Strahlung sowie die Strahlung der ebenfalls elektromagnetischen Handdetektoren gelten für alle Menschen als unbedenklich. Auch Schwangere können also ohne Angst durch die Torsonde gehen.

Mittels Röntgenstrahlung wird auf dem Flughafen nur das Gepäck durchleuchtet.

Ist die Strahlenbelastung auf einem Langstreckenflug schädlich für mein ungeborenes Kind?

Lange Zeit stark umstritten war die Frage, welcher Strahlenbelastung sich Schwangere im Flugzeug aussetzen können und sollten. Hintergrund: Im Flugzeug ist man einem gewissen Maß an Höhenstrahlung ausgesetzt; die Dosis ist auf jedem Flug unterschiedlich, sie schwankt mit der Intensität des Sonnenwindes, steigt mit der Flughöhe und sinkt mit der Nähe zum Äquator.

Auf einem Flug von München nach San Francisco nimmt der Körper etwa 70 Mikrosievert an Strahlung auf; geht es stattdessen

nach Sao Paulo (das weiter südlich liegt), sind es unter 35 Mikrosievert. Ein Kurztrip von Frankfurt nach Palma de Mallorca belastet den Körper dagegen nur mit 3 Mikrosievert Höhenstrahlung.

Was diese Werte besagen, ist allerdings unklar: Es gibt keine Studien, wie die Höhenstrahlung auf den Körper wirkt. Generell wird davon ausgegangen, dass Embryos in der Frühschwangerschaft eher geschädigt werden können. Viele Fluggesellschaften versetzen schwangere Flugbegleiterinnen vorsichtshalber sofort zum Bodenpersonal.

Muss sich jetzt jede Frau zum vorsorglichen Schwangerschaftstest vor jedem Flug verpflichtet fühlen? Schließlich muss bei einer ganz ähnlichen Strahlenbelastung, dem Röntgen, eine Schwangerschaft per Unterschrift ausgeschlossen werden, und auch ein Glas Wein kann einen Fötus schädigen.

Renate Huch, Professorin an der Klinik für Geburtshilfe der Universität Zürich, rät zur Entspannung: Jeder Deutsche ist einer natürlichen Strahlenbelastung von etwa 2500 Mikrosievert pro Jahr ausgesetzt. Künstliche Strahlenquellen wie Röntgenuntersuchungen, Kernkraftwerke, Rauchen oder austretendes Radon (ein radioaktives Edelgas) in Gebäuden fügen noch einmal so viel hinzu, außerdem schwankt die Strahlenbelastung je nach Ort: Im Schwarzwald, der Oberpfalz, aber auch in einigen Gegenden Indiens oder Brasiliens ist sie noch viel höher.

Sicher ist: Je weniger Sie fliegen, desto geringer ist die Strahlenbelastung. Aber ein oder zwei Flüge während der Schwangerschaft fügen dem Strahlenkonto nicht viel hinzu, besonders nicht, wenn man ohnehin in einer sehr strahlungsstarken Gegend lebt. Ob Sie das unter „Das fällt ja kaum ins Gewicht" abtun oder eher argumentieren, dass jedes Mikrosievert für den Embryo eines zu viel sein könnte, müssen Sie als Schwangere selbst entscheiden.

Schwanger fliegen

Wird mein ungeborenes Kind ausreichend mit Sauerstoff versorgt?

Im Flugzeug ist aufgrund des künstlich erhöhten Luftdrucks der Sauerstoffgehalt in der Atemluft niedriger als am Boden. Laut wissenschaftlichen Studien kommen Schwangere sowie Ungeborene hiermit im Normalfall aber sehr gut zurecht. Sowohl bei Start, Landung als auch auf voller Flughöhe wird Ihr ungeborenes Baby also optimal mit Sauerstoff versorgt.

•• INFO

Sollte es in einer extrem unwahrscheinlichen Notsituation plötzlich zu einem Druckabfall in der Flugkabine kommen, werden Schwangere und ihre Ungeborenen genauso gut durch die herabfallenden Sauerstoffmasken mit Sauerstoff versorgt wie die anderen Fluggäste.

•• TIPP

Flüge mit kleinen Flugzeugen sollten Sie als Schwangere wegen des fehlenden Druckausgleichs gänzlich meiden.

Wie kann ich mich mit meinem dicken Bauch im Flugzeug anschnallen?

Flugzeuge sind standardmäßig mit Beckengurten ausgestattet. Wenn der Bauch bereits größer ist, ist das Anschnallen mit dem Beckengurt nicht nur unbequem, sondern kann im Ernstfall auch das Ungeborene gefährden. Bei einem Aufprall würde der Beckengurt in Ihren Bauch einschneiden und könnte dabei das Baby oder die Plazenta schwer verletzen. Um dies zu verhindern, sollten Sie den Beckengurt möglichst weit unten zwischen Bauch und Oberschenkel durchführen. Ist der Bauch noch nicht allzu groß, können

Sie sich auf ein kleines Kissen setzen, dann verläuft der Beckengurt automatisch tiefer und verrutscht nicht.

Wie kann ich für mein ungeborenes Kind einen Flug buchen?

Eine Flugbuchung für ein ungeborenes Kind ist nicht möglich. Für eine verbindliche Flugbuchung und Ticketausstellung benötigen Sie den vollständigen Namen und das Geburtsdatum jedes Passagiers.

Für die restliche Familie können Sie bereits den Flug buchen. Sobald Ihr Kind geboren und sein Name beim Melderegister eingetragen ist, rufen Sie die Fluggesellschaft an und fügen es der Buchung hinzu.

> **●● ACHTUNG**
>
> Wenn Sie für Ihr neugeborenes Baby nachträglich einen eigenen Sitzplatz hinzubuchen wollen, unterliegt das natürlich der Verfügbarkeit. Wenn Sie Pech haben, ist der Flug ausgebucht und Ihr Baby muss während des Fluges auf Ihrem Schoß sitzen. Wer auf Nummer sicher geht, wartet also mit der Flugbuchung, bis das Baby da ist.

Worauf muss ich achten, wenn ich als Schwangere fliege?

- **Flugdauer:** Idealerweise sollte der Flug nicht länger als vier Stunden dauern.
- **Buchung:** Geben Sie bereits bei der Buchung des Fluges an, dass Sie schwanger sind.
- **Versicherung:** Der Abschluss einer Reiserücktrittskostenversicherung und Auslandskrankenversicherung ist für Schwangere sehr zu empfehlen. Prüfen Sie vor Vertragsabschluss, ob

Schwanger fliegen

die Versicherung die Kosten für die Behandlung von Schwangerschaftskomplikationen oder eine Geburt im Ausland übernimmt.

- **Gepäck:** Reisen Sie leicht und mit wenig Gepäck oder lassen Sie Ihr Gepäck von Ihrem Partner tragen. Heben Sie keine schweren Gepäckstücke. Rollkoffer, die Sie mühelos hinter sich herziehen können, sind erlaubt.
- **Sitzplatz:** Versuchen Sie, einen Sitzplatz in der ersten Reihe direkt vor der Trennwand zu ergattern. Hier haben Sie mehr Beinfreiheit. Bevorzugen Sie auf jeden Fall einen Gangplatz in Toilettennähe, insbesondere im letzten Schwangerschaftsdrittel.
- **Thrombosegefahr:** Tragen Sie während des Fluges Kompressionsstrümpfe (insbesondere, wenn Sie zu Krampfadern neigen) und trinken Sie viel. Am besten nehmen Sie sich eine kleine leere Wasserflasche mit ins Flugzeug, die Sie sich regelmäßig von den Flugbegleitern mit Flaschenwasser (kein Leitungswasser!) auffüllen lassen. Halten Sie Ihren Kreislauf mit Dehnübungen in Schwung, beispielsweise indem Sie sitzend Ihre Füße kreisen lassen.
- **Übelkeit:** Nehmen Sie sich ein paar Knabberriegel oder Ihre Lieblingssnacks mit an Bord. Wenn Sie Hunger haben, bitten Sie das Flugpersonal um einen Snack.
- **Kleidung:** Tragen Sie komfortable Kleidung, die nirgends ziept und drückt. Ihre bequemen Schuhe sollten Sie besser nicht ausziehen, denn an Bord können die Füße anschwellen. Wenn Sie Pech haben, passen Ihnen bei der Landung Ihre Schuhe nicht mehr.
- **Mutterpass:** Ihren Mutterpass sollten Sie während der gesamten Reise mit sich führen.
- **Medizinische Versorgung:** Stellen Sie sicher, dass eine gute medizinische Versorgung am Reiseziel gewährleistet ist. Ganz Vorsichtige suchen sich vor Abreise Adressen von guten Krankenhäusern am Reiseziel heraus. Hierbei kann die Botschaft des Urlaubslandes behilflich sein.

Bonuskapitel: Kinderreisepass beantragen

Benötigen Babys bereits einen eigenen Reisepass?

Ja, auch Babys benötigen bereits ab Geburt für Reisen ins Ausland ein eigenes Reisedokument. Das kann ein Kinderreisepass, ein elektronischer Reisepass (ePass) oder ein Personalausweis sein.

Auf dem Amt wurde uns gesagt, dass wir noch keinen Pass beantragen können, weil unser Baby erst eine Woche alt ist. Gibt es ein Mindestalter für die Ausstellung eines Reisepasses für Babys?

Nein, es gibt kein Mindestalter für die Ausstellung eines Reisepasses. Auch für Neugeborene können Sie bereits ab dem ersten Lebenstag einen Pass beantragen.

> **•• TIPP**
>
> Wenn Ihnen das für Sie zuständige Bürgeramt einen Pass für Ihr Baby verweigert, wenden Sie sich an das Landesinnenministerium bzw. die Senatsverwaltung Ihres Bundeslandes und bitten um deren Unterstützung. Diese können die Bürgerämter anweisen, Pässe auszustellen (→ *Kinderreisepass beantragen – nützliche Adressen,* Seite 242).

Kann ich mein Kind in meinem Reisepass eintragen lassen?

Nein. Seit dem 26. Juni 2012 müssen alle Kinder auf Reisen ins Ausland ein eigenes Reisedokument mit sich führen.

Kinderreisepass beantragen

Bereits existierende Einträge von Kindern im Pass der Eltern sind seit diesem Zeitpunkt gemäß einer Regelung der Europäischen Union aus dem Jahr 2009 ungültig. Die Pässe der Eltern, in denen der Kindereintrag vorgenommen wurde, bleiben jedoch weiterhin uneingeschränkt gültig.

Wir fahren nach Italien. Muss ich für mein Kind einen Reisepass beantragen oder reicht es aus, wenn ich eine Geburtsurkunde mitnehme?

Die Geburtsurkunde reicht als Identifikationsnachweis beim Grenzübertritt nicht aus.

Sobald Sie mit Ihrem Kind Deutschland verlassen, benötigt es einen Pass, auch wenn die Grenzkontrollen innerhalb des Schengener Raums weggefallen sind und Sie wahrscheinlich nicht kontrolliert werden.

Warum benötigen bereits Babys ein eigenes Reisedokument?

„Eine Person – ein Pass", so lautet das Grundprinzip der EU-Passverordnung. Die Umsetzung dieser Regelung soll vor Menschenhandel und anderem Missbrauch schützen. Hinzu kommt, dass ein eigener Kinderpass es Großeltern oder anderen nahestehenden Personen leichter macht, mit dem Kind in den Urlaub zu fahren.

Welches Reisedokument benötige ich für mein Kind?

Welches Reisedokument für Ihr Kind sinnvoll ist, ist abhängig von Ihrem Reiseziel und Ihrem allgemeinen Reiseverhalten. Es gibt folgende Möglichkeiten:

EUROPÄISCHE UNION
BUNDESREPUBLIK DEUTSCHLAND

REISEPASS

Kinderreisepass beantragen

1. Kinderreisepass. Der Kinderreisepass ist die erste Wahl für die meisten Kinder. Er bietet viele Vorteile: Mit 13 Euro ist er vergleichsweise günstig. Sie können mit diesem Dokument fast die ganze Welt bereisen (außer beispielsweise den USA). Gegen eine Bearbeitungsgebühr von 6 Euro können Sie den Kinderreisepass verlängern und/oder aktualisieren (wenn beispielsweise ein neues Foto notwendig ist), ohne dass ein neuer Pass ausgestellt werden muss. Der Kinderreisepass ist für Kinder bis einschließlich zwölf Jahre vorgesehen.

2. Elektronischer Reisepass (ePass). Für manche Länder wie etwa die USA benötigen auch Kinder wie Erwachsene den elektronischen Reisepass, wenn sie kein Visum beantragen wollen. Von Kindern unter sechs Jahren werden jedoch keine Fingerabdrücke erfasst.

Mit 37,50 Euro Ausstellungsgebühren ist der elektronische Reisepass die teuerste Option. Dafür ist er weltweit gültig. Aber: Der ePass ist für Kinder und Jugendliche nur sechs Jahre gültig und kann nicht verlängert werden.

3. Personalausweis. Der Personalausweis ist für Personen ab 16 Jahre ein Pflichtdokument, sofern kein Reisepass vorhanden ist. Auf Wunsch der Eltern können aber auch Kinder einen Personalausweis erhalten. Mit einem gültigen Personalausweis können die Kleinen die gleichen Länder wie Erwachsene mit einem Personalausweis besuchen (also hauptsächlich alle Länder der EU bzw. Länder, die am Schengener Abkommen teilnehmen). Für Kinder kostet der Personalausweis 22,80 Euro, ist lediglich sechs Jahre gültig und kann nicht verlängert werden.

Aufgrund der fehlenden Flexibilität, des eingeschränkten Gültigkeitsbereiches sowie der relativ hohen Kosten ist der Personalausweis für Babys und Kleinkinder als Reisedokument nicht zu empfehlen.

> **•• TIPP**
>
> Welchen Pass bzw. Ausweis Sie für Ihre Reise letztendlich benötigen, hängt von Ihrem Reiseziel ab. Bitte informieren Sie sich über die Reisebestimmungen des jeweiligen Landes auf der *Webseite des Auswärtigen Amtes* (22).

Unser Kind ist acht Jahre alt und hat einen noch gültigen Kinderausweis. Können wir mit diesem noch problemlos innerhalb der EU verreisen oder ist der jetzt auch ungültig?

Mit einem noch gültigen Kinderausweis kann Ihr Kind in die meisten EU-Länder reisen. Jedoch ist es in der Vergangenheit gelegentlich zu Problemen gekommen, insbesondere wenn der Kinderausweis kein Lichtbild enthielt.

> **•• TIPP**
>
> Um Probleme bei der Ein- und Ausreise im Ausland zu vermeiden, ist ein Kinderreisepass oder ePass die bessere Wahl.

> **•• INFO**
>
> Ob die Einreise mit einem Kinderausweis in ein Land möglich ist, können Sie auf den *Länderinformationsseiten des Auswärtigen Amtes* (22) überprüfen.

Stimmt es, dass für eine Kreuzfahrt mit Kind ein Kinderreisepass nicht ausreicht?

Das hängt von der Kreuzfahrtroute ab. Bei Kreuzfahrten mit Anlaufhäfen in den USA, der Karibik und auf manchen Routen in Südostasien benötigen auch Kinder zur visafreien Einreise einen elektronischen Reisepass.

Bei Kreuzfahrten mit ausschließlich europäischen Anlaufhäfen, beispielsweise bei einer Kanaren-Kreuzfahrt, genügt für Kinder normalerweise der Kinderreisepass und für Erwachsene oft ein Personalausweis. Nichtsdestotrotz ist es auch für Erwachsene empfehlenswert, mit einem Reisepass zu reisen, um Probleme zu vermeiden. Falls einmal ein Schiff umgeleitet wird, können Sie dann dennoch überall problemlos an Land gehen.

Kinderreisepass beantragen

> **•• TIPP**
>
> Oft steht in den Reisekatalogen der Kreuzfahrtanbieter, dass ein elektronischer Reisepass benötigt wird. Nachfragen für Ihre Wunschroute lohnt sich aber, denn manchmal wird auf Nachfrage auch ein Personalausweis oder normaler Reisepass (bzw. Kinderreisepass) akzeptiert.
>
> ---
>
> Überprüfen Sie Ihre Reiseunterlagen oder erkundigen Sie sich im Reisebüro nach den Anforderungen.

Ich möchte mit meinem Kind innerhalb Deutschlands mit dem Flugzeug verreisen. Braucht es dafür einen Pass?

Grundsätzlich haben die Fluggesellschaften auch bei Inlandsflügen die Identität aller Reisenden zu prüfen. Somit benötigen auch Babys und Kleinkinder auf innerdeutschen Flügen ein Reisedokument (zum Beispiel einen Kinderreisepass). Die Geburtsurkunde als Identitätsnachweis reicht in der Regel nicht aus.

Benötige ich ein biometrisches Passbild, um einen Reisepass für unser Baby zu beantragen?

Nein. Hier greift eine Sonderregelung: Die Lichtbilder von Babys und Kleinkindern müssen lediglich das Gesicht ganz zeigen und frontal aufgenommen sein. Ansonsten sind von den weiteren Anforderungen Ausnahmen zugelassen.

Das Bundesministerium des Innern (BMI) hat hierfür extra eine *Passbild-Schablone für Kinder* (23) sowie eine *Fotomustertafel* (24) zum Download bereitgestellt. Für Passfotos von Kindern zwischen sechs und zehn Jahren gelten strengere Regeln, die Sie der Fotomustertafel des BMI entnehmen können.

Wo erhalte ich passtaugliche Lichtbilder für mein Baby?

Passfotos für einen Reisepass können Sie bei einem Fotografen anfertigen lassen oder selbst zu Hause machen. Fotokabinen eignen sich nicht für die Erstellung von Passfotos von Babys und Kleinkindern – denn es ist unmöglich, ein kleines Kind in die passkonforme Position zu bringen, ohne dass eine Hand, ein Arm oder Sonstiges von Ihnen mit auf dem Foto auftaucht.

> **•• TIPP**
>
> Wie Sie zu Hause in entspannter Atmosphäre Lichtbilder Ihres Kindes aufnehmen, erfahren Sie hier: *Anleitung: Baby-Passfoto für den Kinderreisepass selbst machen* (25)

Wo kann ich einen Reisepass für mein Kind beantragen?

Einen Reisepass für Ihr Kind erhalten Sie im örtlichen Bürgerbüro oder auf der Meldestelle.

> **•• TIPP**
>
> Um lange Wartezeiten, insbesondere vor den Schulferien, zu vermeiden, können Sie in vielen Städten und Gemeinden für Ihren Besuch beim Bürgerbüro einen Termin online (auf der Webseite des Ortes) oder telefonisch unter der national einheitlichen Behörden-Rufnummer 115 vereinbaren.

Kinderreisepass beantragen

Welche Unterlagen muss ich zur Beantragung eines Passes für unser Kind mitnehmen?

Wenn Sie für Ihr Kind bisher noch keinen Kinderreisepass, ePass oder Personalausweis beantragt haben, müssen Sie folgende Dokumente für die Erstbeantragung zur Passstelle Ihres Einwohnermeldeamtes mitnehmen:

- **Geburtsurkunde**
- **Einverständnis bzw. Einverständniserklärung der Sorgeberechtigten:** Beide Elternteile müssen bei der Ausstellung eines Kinderreisepasses zustimmen. Wenn nur ein Elternteil zum Amt geht, dann müssen Sie eine schriftliche Einverständniserklärung des anderen Elternteils mitnehmen (→ Seite 232).
- **eigene Personalausweise (Eltern)**
- **ggf. Sorgerechtsnachweis** bei nur einem Sorgeberechtigten
- **ein Passfoto:** Das Lichtbild muss bestimmten Richtlinien entsprechen. Bei Babys und Kleinkindern wird es nicht ganz so streng gesehen, da es sich schwierig gestalten kann, die Richtlinien bei den ganz Kleinen einzuhalten: Auf dem Passfoto darf nicht gelacht werden, der Hintergrund muss hell (am besten neutral grau) sein (also darf das Kind nicht auf dem Schoß der Eltern sitzen) und es muss direkt geradeaus in die Kamera schauen. Es empfiehlt sich, für dieses Foto zum Fotografen zu gehen. Der Fachmann weiß genau, worauf zu achten ist.

Verfügt Ihr Kind bereits über einen alten Kinderausweis, Kinderreisepass, Reisepass oder Personalausweis, müssen Sie auch diese Pässe zum Einwohnermeldeamt mitnehmen.

> **•• TIPP**
>
> Am besten rufen Sie bei Ihrer Stadtverwaltung an, lassen sich zur Passstelle durchstellen und erfragen dort die Öffnungszeiten sowie im Zweifel noch einmal, welche Unterlagen Sie zur Beantragung des Passes mitbringen müssen.

Woher bekomme ich als Alleinerziehende/r mit alleinigem Sorgerecht einen Sorgerechtsnachweis?

Einen Sorgerechtsnachweis erhalten Sie als sogenannte Negativbescheinigung beim zuständigen Jugendamt, das das Sorgeregister führt. In der Negativbescheinigung steht, dass kein gemeinsames elterliches Sorgerecht beider Elternteile beim Jugendamt eingetragen ist.

Für die Ausstellung einer Negativbescheinigung müssen Sie die Geburtsurkunde mitnehmen und sich ausweisen.

•• INFO

Einen Sorgerechtsnachweis benötigen Sie, wenn Sie das alleinige elterliche Sorgerecht für Ihr Kind haben. Das ist auch der Fall, wenn Sie mit dem anderen Elternteil Ihres Kindes nicht verheiratet sind und keine gemeinsame Sorgerechtserklärung abgegeben haben. In einem solchen Fall hat die Mutter das alleinige elterliche Sorgerecht.

•• TIPP

Anrufen und nachfragen lohnt sich! – Viele Jugendämter stellen die Negativbescheinigung auch bei Anruf aus und schicken sie Ihnen nach Hause. Voraussetzung: Ihr Kind ist in der gleichen Stadt bzw. im gleichen Bezirk geboren.

Was kostet ein Reisepass für mein Kind?

Der Kinderreisepass kostet einmalig 13 Euro, der Personalausweis 22,80 Euro. Mit 37,50 Euro ist der elektronische Reisepass die teuerste Option.

Kinderreisepass beantragen

Muss mein Baby zum Beantragen des Kinderreisepasses mit zum Amt?

Ja. Jede Person, für die ein Reisedokument ausgestellt werden soll, muss bei der Antragstellung anwesend sein. Dies gilt auch für Babys und Kleinkinder, da eine Identifizierung zu erfolgen hat. Hierdurch werden Kinderschleusungen und die Umgehung von Adoptionsvorschriften verhindert oder zumindest erschwert.

Wie lange müssen wir auf den Pass warten?

Kinderreisepässe werden normalerweise direkt von der Passstelle ausgestellt und können sofort mitgenommen werden. In seltenen Fällen kann es jedoch vorkommen, dass dies nicht möglich ist. Beantragen Sie deshalb den Kinderreisepass nicht erst in letzter Minute.

Elektronische Reisepässe (ePässe) sowie Personalausweise werden von der Bundesdruckerei in Berlin hergestellt. Daher dauert die Ausstellung etwa drei bis vier Wochen. Die Ausstellung eines Reisepasses kann jedoch beschleunigt werden, indem der Express-Service genutzt wird.

> **•• INFO**
>
> Wer den Pass für das Kind nicht selbst abholen kann oder will, kann bei Beantragung angeben, wer den Pass abholen wird. Das kann auch die Oma sein. Bei Abholung muss sich diese Person ausweisen und benötigt zusätzlich eine formlose schriftliche Vollmacht (→ Seite 231).

> **•• TIPP**
>
> Insbesondere vor Urlaubszeiten können die Wartezeiten bei der Passstelle und die Bearbeitungszeiten lang sein. Wer eine Urlaubsreise plant, sollte sich deshalb möglichst frühzeitig um Pässe für alle Mitreisenden – Erwachsene, Babys und Kinder gleichermaßen – kümmern.

Wie funktioniert der Express-Service für den ePass?

Für besonders Eilige, die kurzfristig einen ePass benötigen, gibt es den Express-Service der Bundesdruckerei. Hierfür fallen Extragebühren in Höhe von 32 Euro an. Der ePass kostet dann inklusive Expressgebühr für Kinder und Jugendliche 69,50 Euro.

Der ePass wird dann innerhalb von zwei Werktagen (ohne Feiertage und Wochenenden) an Ihr Bürgerbüro geliefert, vorausgesetzt, Ihre Antragsunterlagen sind vollständig und Ihre Bestellung geht bis 12:00 Uhr bei der Bundesdruckerei ein.

> **•• INFO**
>
> Von Antragstellung bis Aushändigung des ePasses kann es – trotz Express-Service – im ungünstigsten Fall bis zu vier Werktage dauern.

> **•• ACHTUNG**
>
> Je nach Bürgerbüro variiert der Annahmeschluss für die Antragsunterlagen für den Expresspass – oft müssen die Unterlagen bereits bis 10:00 Uhr im Datensystem auf dem Amt eingegeben sein, damit sie noch rechtzeitig zur Bundesdruckerei übertragen werden können. Darüber hinaus empfiehlt es sich, einen weiteren Zeitpuffer für etwaige Wartezeiten auf dem Amt einzuplanen. Also: Gehen Sie so früh wie möglich zum Bürgerbüro.

Kinderreisepass beantragen

Ab welchem Alter muss mein Kind seinen Pass unterschreiben?

Ab dem zehnten Lebensjahr müssen Kinder ihren elektronischen Reisepass, Kinderreisepass oder Personalausweis unterschreiben. Wenn sie dazu bereits früher in der Lage sind, dürfen sie auch schon ab dem sechsten Lebensjahr ihre Unterschrift unter den Pass setzen. Babys und Kleinkinder unter sechs Jahre dürfen nicht unterschreiben. Anstelle der Unterschrift wird ein Strich in das entsprechende Feld gesetzt.

Fingerabdrücke werden erst ab dem sechsten Lebensjahr gespeichert. Vorher ist eine Abgabe von Fingerabdrücken auch auf eigenen Wunsch nicht möglich. Da diese biometrischen Informationen auf dem Chip gespeichert werden, betrifft dies ausschließlich den Personalausweis und ePass. Kinderreisepässe haben keinen Chip.

Unser Kind hat einen Kinderreisepass, seitdem es drei Monate alt ist. Mittlerweile ist es zwei Jahre alt und sieht dem Babyfoto in seinem Pass nicht mehr ähnlich. Ist der Pass trotzdem noch gültig?

Babys und Kleinkinder verändern sich in den ersten Lebensjahren rasend schnell. Wenn Ihr Kind zum Zeitpunkt Ihrer Reise keine Ähnlichkeit mehr mit dem Lichtbild im Pass hat, dann kann es sein, dass der Pass bei der Passkontrolle nicht mehr akzeptiert und für ungültig erklärt wird.

Achten Sie also unbedingt auf dieses Detail. Besitzt Ihr Kind einen Kinderreisepass, dann können Sie das Passbild im Kinderreisepass einfach aktualisieren lassen. Hat es einen ePass oder Personalausweis, müssen Sie rechtzeitig einen neuen Pass beantragen.

> **●● ACHTUNG**
>
> Kinder ab einem Alter von fünf Jahren benötigen ein biometrisches Passbild.

Kann ich die Angaben im Kinderreisepass meines Kindes aktualisieren lassen?

Ja. Sobald sich Merkmale wie Größe, Augenfarbe oder auch das Aussehen (Passbild) maßgeblich verändert haben, sollten Sie rechtzeitig vor der nächsten Auslandsreise diese Angaben im Kinderreisepass Ihres Kindes ändern lassen. Änderungen können jederzeit vorgenommen werden und kosten 6 Euro pro Vorgang. Der Kinderreisepass kann, muss aber nicht zwangsläufig bei einer Änderung dieser Angaben verlängert werden.

> **●● INFO**
>
> Folgende Merkmale können Sie ändern lassen:
> - Augenfarbe
> - Körpergröße
> - Aussehen (Passfoto austauschen)
> - Wohnort
>
> Bei Änderung des Lichtbilds, der Augenfarbe und der Größe muss Ihr Kind zur Identifizierung mit zum Passamt.

> **●● ACHTUNG**
>
> Der Name im Kinderreisepass kann nicht geändert werden. Bei einer Namensänderung muss ein neuer Pass beantragt werden.

Kinderreisepass beantragen

Welche Daten außer meinen Fingerabdrücken sind auf dem ePass noch gespeichert?

Entsprechend einer Verordnung der Europäischen Union sind Reisepässe mit einem elektronischen Speichermedium (Chip) zu versehen. Hierauf werden zur Person folgende Angaben gespeichert:

- Lichtbild
- zwei Fingerabdrücke
- Vor- und Nachname
- Geburtsdatum
- Geschlecht
- Staatsangehörigkeit

> **INFO**
>
> Lediglich das Lichtbild sowie die Angaben zur Person werden im Passregister bei der Passbehörde gespeichert. Die Fingerabdrücke hingegen befinden sich ausschließlich auf dem Chip. Diese werden also weder bei der Passbehörde noch in einer zentralen Datenbank gespeichert.

Wie lange ist der Pass meines Kindes gültig?

Alle Ausweise, die für Kinder unter zwölf Jahre ausgestellt werden, sind jeweils für sechs Jahre gültig. Der Kinderreisepass kann einmalig um weitere sechs Jahre verlängert werden, maximal bis zur Vollendung des zwölften Lebensjahres.

Der elektronische Reisepass sowie der Personalausweis können nicht verlängert werden, sondern müssen neu ausgestellt werden. Die recht hohen Ausstellungsgebühren fallen in diesem Fall erneut an.

> **•• TIPP**
>
> Stellen Sie rechtzeitig vor Reiseantritt sicher, dass die Pässe aller mitreisenden Personen (Erwachsene und Kinder) noch gültig sind.

Übermorgen wollen wir verreisen. Nun stelle ich gerade fest, dass der Reisepass meines Kindes vor einem Monat abgelaufen ist. Was soll ich tun?

Die Einreise- und Ausreisebestimmungen variieren von Land zu Land. In einige Länder können Sie mit bereits abgelaufenem Pass bis maximal ein Jahr nach Ablauf noch ein- und ausreisen. Andere Länder verlangen, dass die Pässe noch mindestens für sechs Monate nach Ausreise gültig sind.

> **•• TIPP**
>
> Informieren Sie sich rechtzeitig vor Reiseantritt auf der Webseite des Auswärtigen Amtes über die Einreiseregelungen Ihres Urlaubsziels.

Welche Unterlagen müssen wir mitbringen, um den Kinderreisepass für unser Kind zu verlängern?

Um den Kinderreisepass zu verlängern, müssen Sie folgende Personen und Unterlagen mit zum örtlichen Bürgerbüro nehmen:
- Ihr Kind
- den derzeit gültigen Kinderreisepass
- ein aktuelles passtaugliches Passbild
- 6 Euro
- ggf. schriftliche Einverständniserklärung und Personalausweis des nicht anwesenden Elternteils

Kinderreisepass beantragen

Ihr Kind muss bei der Verlängerung oder auch bei einer Aktualisierung der Passangaben anwesend sein. Beide Elternteile müssen normalerweise den Verlängerungsantrag unterschreiben. Sollte das nicht möglich sein, dann genügt eine formlose schriftliche Einverständniserklärung des anderen Elternteils.

Ab einem Alter von zehn Jahren muss Ihr Kind bei einer Aktualisierung oder Neuausstellung den Kinderreisepass unterschreiben.

> **●● ACHTUNG**
>
> Wichtig ist, dass der Kinderreisepass bei Verlängerung noch gültig ist. Bereits abgelaufene Kinderreisepässe können nicht mehr verlängert und müssen neu beantragt werden. Der Kinderreisepass kann einmalig für weitere sechs Jahre verlängert werden, maximal jedoch bis zur Vollendung des zwölften Lebensjahres.

Mein Kind fliegt mit seiner Oma in den Urlaub. Es besitzt einen deutschen Kinderreisepass. Muss auf irgendeinem Dokument stehen, dass es mit der Oma fliegen darf?

Das Auswärtige Amt empfiehlt für Minderjährige, die in Begleitung volljähriger Personen reisen, die Mitnahme einer Reisevollmacht, die am besten sowohl in deutscher als auch in der Sprache des Reiselands ausgestellt ist.

> **●● INFO**
>
> Die Mitnahme einer Reisevollmacht (→ *Mustervorlagen in deutsch und englisch*, Seite 229–230), aus der hervorgeht, dass Sie handlungs- und entscheidungsbefugt sind, erlaubt Ihnen, auch in unvorhersehbaren medizinischen Notfällen im Ausland zu handeln.

Wir sind Ausländer mit Wohnsitz in Deutschland. Unsere Kinder sind in meinem ausländischen Pass mit eingetragen. Sind diese Kindereinträge in meinem Pass seit dem 26. Juni 2012 ungültig und brauchen meine Kinder nun für die Ein- und Ausreise in die EU eigene Pässe?

Für die Ein- und Ausreise in EU-Länder benötigen auch Ihre Kinder ab sofort auf jeden Fall eigene Reisepässe. Die Kindereinträge in Ihrem ausländischen Reisepass bleiben aber außerhalb des EU-Raums weiterhin gültig.

Anhang

DETAILLIERTES FRAGENVERZEICHNIS

Flugplanung 12

   Ab welchem Alter darf mein Baby mitfliegen? 12

   Welches ist das beste Flugalter für Babys und Kleinkinder? 12

   Welche Babys und Kinder sollten besser nicht fliegen? 15

   Können wir mit Baby mit einer Billigairline fliegen? 16

   Können wir mit unserem Baby einen Langstreckenflug antreten? 17

   Wie finden wir eine familienfreundliche Fluggesellschaft? 20

   Wie finden wir familienfreundliche Flughäfen? 22

   Was Sie vor der Flugbuchung noch klären sollten 23

Gesundheit 25

Erkältung 25

   Können wir mit einem erkälteten Kind fliegen? 25

   Flugangst 26

   Mein Kind hat Angst vorm Fliegen. Wie kann ich ihm helfen? 26

Jetlag 27

   Was ist Jetlag? 27

   Leiden Kinder und Erwachsene gleichermaßen unter Jetlag? 27

   Wie lange dauert es, bis ein Jetlag überwunden ist? 28

Kann man Kindern die Umstellung mit Medikamenten erleichtern?	28
Empfehlungen für Eltern zur Überwindung des Familien-Jetlags	29
Ohrenschmerzen	30
Warum bekommen manche Menschen Ohrenschmerzen beim Fliegen?	30
Bekommen alle Babys und Kleinkinder beim Fliegen Ohrenschmerzen?	30
Was können wir gegen Ohrenschmerzen tun?	32
Reisekrankheit	33
Wird Kindern im Flugzeug leicht übel?	33
Wie merke ich, dass mein Kind reisekrank wird?	34
Was kann ich tun, wenn meinem Kind im Flugzeug übel wird?	34
Auf unserem letzten Flug war meinem Kind übel. Wie können wir das beim nächsten Flug verhindern?	35
Gibt es Medikamente gegen Reisekrankheit?	36
Strahlenbelastung	37
Ist die Strahlenbelastung beim Fliegen für unser Kind gefährlich?	37
Flugbuchung	**38**
Ticketpreis	38
Was kostet ein Flugticket für unser Baby?	38
Bis zu welchem Alter fliegen Kinder zum ermäßigten Kindertarif?	39

Anhang

Welcher Preis gilt, wenn unser Kind während der Reise zwei Jahre alt wird?	39
Wir haben schulpflichtige Kinder und müssen deshalb innerhalb der Schulferien verreisen. Wie können wir bei der Flugbuchung etwas Geld sparen?	40
Wie finde ich den preisgünstigsten Flug für unsere Familie?	42
Sitzplatzbuchung	43
Warum sollten wir einen eigenen Sitzplatz für unser Baby buchen?	43
Wie viel kostet ein eigener Sitzplatz für unter zweijährige Kinder?	44
Wie kann ich einen eigenen Sitzplatz für unser Baby buchen?	44
Wir möchten nachträglich noch einen Sitzplatz für unser Baby hinzubuchen. Ist das möglich?	45
Halten die Fluggesellschaften für Babys automatisch einen Sitzplatz frei?	46
Sitzplatzreservierung	46
Ist eine Sitzplatzreservierung kostenpflichtig?	46
Wie können wir einen der beliebten Mutter-Kind-Sitzplätze reservieren?	47
Wie können wir sicherstellen, dass wir als Familie im Flugzeug zusammensitzen?	48
Unsere Sitzplätze befinden sich im hinteren Teil des Flugzeugs. Wir würden gerne weiter vorne sitzen. Kann ich die Sitzplätze umbuchen?	48

Das Flugzeug ist ausgebucht und ich soll getrennt von meinem Kind sitzen! Was soll ich tun?	49
Welches sind die besten Sitzplätze für Familien?	50
Den Familienflug buchen	51
Was müssen wir bei Buchung von Codesharing-Flügen und Pauschalreisen beachten?	51
So buchen Sie den Familienflug	53
Vielfliegerprogramme	55
Ab welchem Alter können Kinder am Vielflieger-Bonusprogramm teilnehmen?	55
Empfehlungen zu Vielfliegerprogrammen	55
Nach der Buchung – vor dem Flug	56
Wie kann ich mein Kind auf den Flug vorbereiten?	56
Checkliste: Was Sie vor Ihrem Abflug erledigen müssen	58
Der von uns gebuchte Flug wurde storniert und wir sollen nun zu einem anderen Abflughafen fahren und einen höheren Preis bezahlen. Ist das zulässig?	61
Am Flughafen	**62**
An- und Abreise	62
Wann müssen wir am Flughafen sein?	62
Für welche Dinge müssen wir am Flughafen extra Zeit einplanen?	63
Wie kommen wir mit Kind und Kegel zum Flughafen?	64
Wo können wir das Auto parken?	65

Anhang

Gepäck	67
Bis wann müssen wir unser Gepäck aufgeben?	67
Können wir unser Gepäck bereits einige Stunden vor Abflug am Flughafen aufgeben?	67
Wie befördern wir Baby, Autokindersitz und Handgepäck zum Gate?	68
Wir reisen mit viel Gepäck. Kann uns jemand am Flughafen behilflich sein?	69
Sicherheit	70
Ich habe Angst, dass wir uns auf dem Flughafen verlieren. Wie können wir das verhindern?	70
Was sollen wir machen, wenn unser Kind auf dem Flughafen verloren gegangen ist?	73
Empfehlungen für mehr Sicherheit auf dem Flughafen	74
Stillen, Wickeln, Schieben	75
Wo kann ich mein Baby am Flughafen wickeln?	75
Kann ich auf dem Flughafen noch Windeln kaufen?	75
Wo kann ich am Flughafen mein Baby stillen?	77
Können wir auf dem Flughafen einen Buggy ausleihen?	78
Kinderbeschäftigung	79
Gibt es auf Flughäfen Indoor-Spielplätze?	79
Wie beschäftigen wir unser Kind am Flughafen?	79
Flughafenspiele zum Zeitvertreib	81

Check-in	84
Wie einchecken?	84
Welches ist die stressfreiste Check-in-Option für Familien?	84
Welche Dokumente müssen wir am Check-in-Schalter vorlegen?	85
Welche Arten von Bordkarten gibt es?	86
Welche Dinge Sie am Check-in-Schalter nochmals prüfen sollten	87
Vorabend-Check-in	88
Wie funktioniert das Vorabend-Check-in?	88
Welche Fluggesellschaften bieten das Vorabend-Check-in an?	89
Online-Check-in	91
Wie funktioniert das Online-Check-in?	91
Müssen wir online einchecken?	92
Was kostet das Online-Check-in?	93
Ab wann können wir online einchecken?	93
Wer kann das Online-Check-in nutzen, wer nicht?	94
Weitere Check-in-Möglichkeiten	95
Können wir als Familie am Automaten einchecken?	95
Was ist Mobile Check-in?	96
Check-in per App	97
Gepäck	98
Freigepäck	98

Anhang

Wie viel Freigepäck dürfen wir als Familie mitnehmen?	98
Wie viel Freigepäck dürfen Babys aufgeben?	98
Dürfen wir als Familie das Freigepäck aufteilen?	100
Und wenn unsere Koffer am Flughafen doch zu viel wiegen?	100
So vermeiden Sie lästiges Umpacken am Flughafen	102
Handgepäck	102
Dürfen wir für unser Baby Babynahrung im Handgepäck mitführen?	102
Darf ich für mein Baby ohne Sitzplatz Handgepäck mit an Bord nehmen?	103
Welche Beschränkungen bezüglich der Menge, der Größe und des Gewichts gibt es beim Handgepäck?	104
Welche Gegenstände sind im Handgepäck verboten?	105
Welche Tasche ist als Handgepäck zu empfehlen?	106
Checkliste: Was gehört ins Handgepäck?	108
Sondergepäck	110
Warum sollten wir Buggy und Autokindersitz nicht aufgeben?	110
Kann ich unseren Kinderwagen mit ins Flugzeug nehmen?	112
Gelten Kinderwagen, Buggy und Reisebettchen als kostenpflichtiges Sondergepäck?	113
Wie verpacke ich unseren Autokindersitz für einen sicheren Transport im Flugzeug?	113

Empfehlungen	114
Empfehlungen fürs Familien-Fluggepäck	114
Wie können wir unser Fluggepäck vor Verlust schützen?	116
Sicherheitskontrolle und Boarding	**118**
Sicherheitskontrolle	118
Gibt es eine Bevorzugung von Familien bei der Sicherheitskontrolle?	118
Werden auch Babys bei der Sicherheitskontrolle schon überprüft?	118
Wie bekomme ich die Trinkflasche meines Kindes durch die Sicherheitskontrolle?	119
Ist die Mitnahme von größeren Mengen Milch gestattet?	120
Wie meistern wir möglichst stressfrei die Sicherheitskontrolle?	121
Boarding	125
Bieten alle Fluggesellschaften Preboarding für Familien an?	125
Welche Familienkonstellation qualifiziert uns für ein Preboarding?	125
Sollten wir als Familie das Preboarding nutzen?	126
Welche Dinge Sie am Gate erfragen und erledigen sollten	127
An Bord	**129**
Sichere Kinderrückhaltesysteme	129
Welche sicheren Kinderrückhaltesysteme gibt es?	129

Anhang

Fliegen mit Baby/Kind auf dem Schoß	131
Stimmt es, dass es gefährlich ist, mit einem Baby auf dem Schoß zu fliegen?	131
Wie funktioniert das, wenn mein Baby auf meinem Schoß mitfliegt?	132
Darf ich mein Kind während des Starts und der Landung auf den Schoß nehmen?	132
Fliegen mit Autokindersitz	133
Welche Autokindersitze sind für die Nutzung im Flugzeug zugelassen?	133
Gestatten alle Fluggesellschaften die Nutzung von Autokindersitzen im Flugzeug?	135
Kann ich einen alten, nicht mehr hergestellten Autokindersitz mit TÜV-Siegel weiterhin im Flugzeug nutzen?	136
Kann ich einen gebrauchten Kindersitz mit Flugzeugzulassung kaufen?	136
Auf welchen Sitzen darf ein Autokindersitz im Flugzeug angebracht werden?	137
Können mir die Flugbegleiter beim Einbau des Kindersitzes im Flugzeug helfen?	138
Schlafen	139
Was ist ein Babybassinet?	139
Bis zu welchem Alter können Babys im Babybassinet schlafen?	139
Auf welchen Flügen gibt es Babybassinets?	140
Wie reserviere ich ein Babybassinet für mein Kind?	140

Manche Eltern verabreichen ihren Kindern während eines Langstreckenfluges ein Beruhigungsmittel. Ist das unbedenklich?	141
Gibt es natürliche Beruhigungsmittel für mein Baby?	142
Wie kann mein Kind an Bord am besten schlafen?	143
So schaffen Sie beste Schlafvoraussetzungen für Ihr Kind	144

Wohlbefinden 147

Was soll ich machen, wenn mein Dreijähriger im Flugzeug austickt?	147
Wenn mein Baby an Bord weint und schreit – was soll ich dann tun?	147
Wie kann ich mein Kind davon abhalten, ständig gegen die Rückenlehne des Vordersitzes zu treten?	149
Kann sich mein Kind durch die Klimaanlage im Flugzeug erkälten?	150
Was ist die richtige Bekleidung fürs Flugzeug?	151
Wie verstaue ich unser Handgepäck?	152
Empfehlungen für einen stressfreien Flug	153

Kinderbeschäftigung 155

Gibt es an Bord kostenloses Spielzeug für die Kleinen?	155
Wie viel Spielzeug sollten wir mit an Bord nehmen?	157
Womit kann ich mein Kind im Flugzeug beschäftigen?	157
Flugzeugtaugliches Kinderspielzeug von zu Hause	159
Preiswertes (Wegwerf-)Spielzeug fürs Flugzeug	161
Empfehlungen für die Kinderbeschäftigung an Bord	163

Anhang

Essen und Trinken	164
Kann man im Flugzeug ein Fläschchen aufwärmen?	164
Wie gut ist die Qualität des Trinkwassers im Flugzeug?	165
Gibt es an Bord kindgerechtes Essen?	166
Was kostet ein Kindermenü im Flugzeug?	168
Wie kann ich ein Kindermenü für mein Kind bestellen?	169
Bekomme ich im Flugzeug auch Babynahrung?	170
Wie und wo kann ich mein Baby im Flugzeug stillen?	170
Wickeln und Toilettengang	171
Gibt es in allen Flugzeugen Wickeltische?	171
Was mache ich, wenn es an Bord keinen Wickeltisch gibt?	172
Wie viele Windeln muss ich für den Flug einpacken?	173
Gibt es an Bord Windeln für mein Baby?	174
Anleitung zum Babywickeln über den Wolken	175
Wir sind gerade mitten im Töpfchentraining. Was machen wir auf dem langen Flug?	176
Landung und Einreise	**178**
Gibt es eine Sonderbehandlung für Familien bei der Einreise?	178
Wie überstehen wir mehrere Stunden Wartezeit bei der Einreise?	178
Muss ich Milchpulver bei der Einreise angeben?	179
Wie viel Zeit benötigen wir für das Umsteigen mit Kind?	180

Was tun wir, wenn ein Gepäckstück verloren geht?	182
Was erwartet uns bei der Ankunft?	183
Bonuskapitel: Schwanger fliegen	**188**
Ich bin schwanger. Darf ich noch fliegen?	188
Wann ist die beste Reisezeit während der Schwangerschaft?	188
Bis wann nehmen Fluggesellschaften Schwangere überhaupt mit?	189
Wann sollten werdende Mütter nicht mehr fliegen?	190
Wie gefährlich ist die Röntgenstrahlung bei der Sicherheitskontrolle für das Ungeborene?	191
Ist die Strahlenbelastung auf einem Langstreckenflug schädlich für mein ungeborenes Kind?	191
Wird mein ungeborenes Kind ausreichend mit Sauerstoff versorgt?	193
Wie kann ich mich mit meinem dicken Bauch im Flugzeug anschnallen?	193
Wie kann ich für mein ungeborenes Kind einen Flug buchen?	194
Worauf muss ich achten, wenn ich als Schwangere fliege?	194
Bonuskapitel: Kinderreisepass beantragen	**196**
Benötigen Babys bereits einen eigenen Reisepass?	196
Auf dem Amt wurde uns gesagt, dass wir noch keinen Pass beantragen können, weil unser Baby erst eine Woche alt ist. Gibt es ein Mindestalter für die Ausstellung eines Reisepasses für Babys?	196

Anhang

Kann ich mein Kind in meinem Reisepass eintragen lassen?	196
Wir fahren nach Italien. Muss ich für mein Kind einen Reisepass beantragen oder reicht es aus, wenn ich eine Geburtsurkunde mitnehme?	197
Warum benötigen bereits Babys ein eigenes Reisedokument?	197
Welches Reisedokument benötige ich für mein Kind?	197
Unser Kind ist acht Jahre alt und hat einen noch gültigen Kinderausweis. Können wir mit diesem noch problemlos innerhalb der EU verreisen oder ist der jetzt auch ungültig?	200
Stimmt es, dass für eine Kreuzfahrt mit Kind ein Kinderreisepass nicht ausreicht?	200
Ich möchte mit meinem Kind innerhalb Deutschlands mit dem Flugzeug verreisen. Braucht es dafür einen Pass?	201
Benötige ich ein biometrisches Passbild, um einen Reisepass für unser Baby zu beantragen?	201
Wo erhalte ich passtaugliche Lichtbilder für mein Baby?	202
Wo kann ich einen Reisepass für mein Kind beantragen?	202
Welche Unterlagen muss ich zur Beantragung eines Passes für unser Kind mitnehmen?	203
Woher bekomme ich als Alleinerziehende/r mit alleinigem Sorgerecht einen Sorgerechtsnachweis?	204
Was kostet ein Reisepass für mein Kind?	204

Muss mein Baby zum Beantragen des Kinderreisepasses mit zum Amt?	205
Wie lange müssen wir auf den Pass warten?	205
Wie funktioniert der Express-Service für den ePass?	206
Ab welchem Alter muss mein Kind seinen Pass unterschreiben?	207
Unser Kind hat einen Kinderreisepass, seitdem es drei Monate alt ist. Mittlerweile ist es zwei Jahre alt und sieht dem Babyfoto in seinem Pass nicht mehr ähnlich. Ist der Pass trotzdem noch gültig?	207
Kann ich die Angaben im Kinderreisepass meines Kindes aktualisieren lassen?	208
Welche Daten außer meinen Fingerabdrücken sind auf dem ePass noch gespeichert?	209
Wie lange ist der Pass meines Kindes gültig?	209
Übermorgen wollen wir verreisen. Nun stelle ich gerade fest, dass der Reisepass meines Kindes vor einem Monat abgelaufen ist. Was soll ich tun?	210
Welche Unterlagen müssen wir mitbringen, um den Kinderreisepass für unser Kind zu verlängern?	210
Mein Kind fliegt mit seiner Oma in den Urlaub. Es besitzt einen deutschen Kinderreisepass. Muss auf irgendeinem Dokument stehen, dass es mit der Oma fliegen darf?	211
Wir sind Ausländer mit Wohnsitz in Deutschland. Unsere Kinder sind in meinem ausländischen Pass mit eingetragen. Sind diese Kindereinträge in meinem Pass seit dem 26. Juni 2012 ungültig und brauchen meine Kinder nun für die Ein- und Ausreise in die EU eigene Pässe?	212

Anhang

NÜTZLICHE WEBSEITEN UND APPS

Atmosfair
Fliegen schadet dem Klima. Bei Atmosfair können Sie die CO_2-Emissionen Ihrer Flüge berechnen und diese durch einen Klimaschutzbeitrag kompensieren. (*www.atmosfair.de* (38))

Auswärtiges Amt
Reisewarnungen, Reisehinweise und Einreisebestimmungen (*www.auswaertiges-amt.de* (22))

Bundespolizei
PDF-Broschüre „Für Ihre Sicherheit am Flughafen – Check-in und Take-off" (*www.bundespolizei.de* (29))

Entspanntes-Fliegen
Seminare gegen Flugangst für Erwachsene und Kinder (*www.entspanntes-fliegen.de* (39))

Expedia
Bei Expedia ist die Online-Buchung eines eigenen Sitzplatzes für Babys unter zwei Jahren optional möglich. (*www.expedia.de* (3))

Fluggastrechte
Kostenlose App der Europäischen Kommission – damit Sie im Ernstfall gleich das Wichtigste nachlesen und sofort richtig reagieren können. (App *Fluggastrechte für iPhone und Android* (21))

KidsAway
Umfangreiche Informationen rund um das Thema Reisen mit Baby und Kind, Reisemagazin, Online-Shop und Reiseforum zum Fragen stellen und Erfahrungen teilen (*www.kidsaway.de* (26))

Luftfahrt-Bundesamt (LBA)
Insbesondere lesenswert sind die Empfehlungen zum Transport von Kleinkindern in Flugzeugen. (*www.lba.de* (40))

Passengernet
Wissen rund um den Flug, einfach erklärt (*www.passengernet.de* (41))

Seatguru
Einfach Flugnummer eingeben und herausfinden, wo sich im Flugzeug die besten Sitzplätze befinden – zum Beispiel Plätze mit viel Beinfreiheit. (*www.seatguru.com* (14))

Swoodoo
Gute Internetseite, um eine Übersicht über Flugangebote und Flugpreise zu erhalten (*www.swoodoo.de* (5))

Transport Security Administration (TSA)
Offizielle Webseite der Transport Security Administration der USA. Hier finden Sie Informationen zu den aktuellen amerikanischen Flugsicherheitsbestimmungen, sowohl in der Luft als auch am Boden. (*www.tsa.gov* (42))

Tripit
Eine App für die mobile Reiseplanung. Einfach die digitalen Buchungsbestätigungen per E-Mail an Tripit schicken und schon haben Sie alle Reisedaten immer übersichtlich beisammen und können Sie mit den Zuhausegebliebenen teilen. (*Tripit für iPhone und Android* (43))

TÜV Rheinland
Aktuelle Liste aller Hersteller von Autokindersitzen, die das TÜV-Rheinland-Siegel „*for use in aircraft*" besitzen (13)

Vielfliegerprogramme
Nützliche Übersicht über alle Bonus- und Prämienprogramme der Fluggesellschaften (*www.tsbot.de* (44))

World Airport Codes
Hier können Sie mithilfe des dreibuchstabigen Flughafen-Codes den Flughafen ermitteln. (*www.world-airport-codes.com* (45))

Wörterbuch Deutsch–Englisch
Kostenlose App für das Mobiltelefon für unterwegs (*dict.cc für iPhone und Android* (46))

Anhang

VOLLMACHTEN – MUSTER UND VORLAGEN

Muster: Reisevollmacht inklusive Personensorge (deutsch)

[Unzutreffendes bitte streichen]

Hiermit bestätige/n ich/wir, dass meine/unsere Tochter bzw. mein/ unser Sohn [Vorname, Nachname], *geb. am* [Geburtsdatum] *in* [Geburtsort], *Passnummer* [Passnummer], *ausgestellt am* [Datum] *in* [Ausstellungsort], *wohnhaft in* [Straße und Hausnummer], [PLZ und Wohnort] *mit meinem/unserem Einverständnis mit* [Vorname, Nachname], *wohnhaft in* [Straße und Hausnummer], [PLZ und Wohnort] *vom* [Datum] *bis* [Datum] *nach* [Urlaubsland] *reisen darf.*

Für diese Reise und diesen Reisezeitraum übertrage/n ich/wir [Vorname, Nachname] *die Personensorge für mein/unser Kind. Meine/unsere Telefonnummern für Rückfragen lauten* (inklusive Ländervorwahl, zum Beispiel +49 für Deutschland): [Festnetz], [Mobiltelefon]

Mutter/Sorgeberechtigte [Vorname und Nachname in Druckbuchstaben], [Personalausweis- oder Reisepassnummer], [Ort, Datum], [Unterschrift]

Vater/Sorgeberechtigter [Vorname und Nachname in Druckbuchstaben], [Personalausweis- oder Reisepassnummer], [Ort, Datum],[Unterschrift]

> **•• TIPP**
>
> Diese Reisevollmacht auf Deutsch und auf Englisch sowie weitere nützliche Muster und Vorlagen finden Sie fertig formatiert und zum kostenlosen Herunterladen und Ausdrucken bei *www.kidsaway.de* (26).

Muster: Reisevollmacht inklusive Personensorge (englisch)

Authorization for Underage Person to Travel
[Unzutreffendes bitte streichen]

As the legal guardian(s) we/I hereby certify that we/I have given permission to our/my daughter/son [Vorname, Nachname], *born* [Geburtsdatum] *in* [Geburtsort], *bearer of passport number* [Passnummer], *issued* [Ausstellungsdatum] *in* [Ausstellungsort], *residing in* [Straße und Hausnummer], [PLZ und Wohnort], *to join* [Vorname und Nachname], *residing in* [Straße und Hausnummer], [PLZ und Wohnort], *in traveling to* [Urlaubsland] *from* [Datum Reisebeginn] *to* [Datum Reiseende].

For the duration of the above-mentioned journey and time period we/I grant [Vorname, Nachname] *personal custody of our/my child. Should any questions arise, you may contact us/me at any time* (inklusive Ländervorwahl, zum Beispiel +49 für Deutschland): [Mobiltelefon][Festnetz]

Mother/legal guardian [Vorname und Nachname in Druckbuchstaben], [Personalausweis- oder Reisepassnummer], [Ort, Datum], [Unterschrift]

Father/legal guardian [Vorname und Nachname in Druckbuchstaben], [Personalausweis- oder Reisepassnummer], [Ort, Datum], [Unterschrift]

Anhang

Muster: Vollmacht zur Abholung eines Reisepasses beim Passamt

Daten eines erziehungsberechtigten Elternteils (Vollmachtgeber): [Vorname, Name], [Geburtsdatum und -ort]
Hiermit bevollmächtige ich Herrn/Frau [Name des Bevollmächtigten] *zur Abholung des Kinderreisepasses/elektronischen Reisepasses/Personalausweises für unsere Tochter/unseren Sohn* [Vor- und Nachname des Kindes] *beim Bürgeramt/Passamt* [Name der ausstellenden Stadt]

[Unterschrift eines Erziehungsberechtigten], [Ort, Datum]

> **•• INFO**
>
> Die Vollmacht zur Abholung eines Reisepasses darf formlos sein. Dieser Mustertext soll Ihnen lediglich zur Orientierung dienen.

> **•• ACHTUNG**
>
> Bei Abholung eines Reisepasses muss der Vollmachtnehmer sich ausweisen können.

Muster: Einverständniserklärung der Sorgeberechtigten (Reisepass)

Hiermit erkläre ich mich einverstanden, dass für meine Tochter/ meinen Sohn [Vorname, Nachname], *geboren am* [Geburtsdatum] *ein Kinderreisepass/elektronischer Reisepass/Personalausweis* [Unzutreffendes bitte streichen] *ausgestellt wird.*

[Unterschrift des Erziehungsberechtigten]

> **●● ACHTUNG**
>
> Die Vorlage eines gültigen Ausweises oder Reisepasses des anderen Elternteils, der bei Beantragung nicht dabei ist, ist für einen Unterschriftenabgleich erforderlich.

Anhang

FLUGGESELLSCHAFTEN

Airberlin
- *www.airberlin.de* (32): Informationen und Buchung, Gepäckbestimmungen, Informationen für Familien, zugelassene Autokindersitze
- 24-Stunden-Servicecenter: (030) 34 34 34 34

Lufthansa
- *www.lufthansa.de* (33): Informationen und Buchung, Gepäckbestimmungen, zugelassene Autokindersitze, Informationen für Familien
- 24-Stunden-Servicecenter: (069) 86 79 97 99

Condor
- *www.condor.de* (34): Informationen und Buchung, Gepäckbestimmungen, zugelassene Autokindersitze, Informationen für Familien
- 24-Stunden-Servicecenter: (0180) 576 77 57 (14 Cent/Minute aus dem deutschen Festnetz)

Germanwings
- *www.germanwings.com* (35): Informationen und Buchung, Gepäckbestimmungen, Informationen für Familien, zugelassene Autokindersitze
- 24-Stunden-Servicecenter: (0900) 191 91 00 (99 Cent/Minute aus dem deutschen Festnetz)

Tuifly
- *www.tuifly.com* (36): Informationen und Buchung, Gepäckbestimmungen, Informationen für Familien, zugelassene Autokindersitze
- Servicecenter: (0900) 10 00 20 00 (49 Cent/Minute aus dem deutschen Festnetz), montags bis freitags: 7:30-22:30 Uhr, samstags, sonntags und an Feiertagen: 08:30-21:00 Uhr

Ryanair
- *www.ryanair.com/de* (37): Informationen und Buchung, Gepäckbestimmungen, Gebührentabelle, Informationen für Familien
- Hotline: (0900) 116 05 00 (62 Cent/Minute aus dem deutschen Festnetz), montags bis freitags: 9:00-18:00 Uhr, samstags: 10:00-17:00 Uhr

Anhang

FLUGLEXIKON

Babybassinet
Babybassinets, auch Babykörbchen genannt, sind spezielle Babybettchen für Säuglinge in den ersten Lebensmonaten, die während des Fluges an der Trennwand in der Eltern-Kind-Reihe eingehängt werden. Es gelten bestimmte Alters-, Gewichts- und Größenbegrenzungen, die je nach Fluglinie variieren. Die Anzahl von Babybettchen im Flugzeug ist begrenzt. Eine frühzeitige Reservierung ist empfehlenswert.

Babykörbchen
→ Siehe Babybassinet

Baggage Drop-Off
Gepäckaufgabeschalter am Flughafen. Wenn Sie bereits eine Bordkarte besitzen, können Sie hier Ihr Gepäck aufgeben. Der Gepäckaufgabeschalter ist meist wenig frequentiert. Für Familien kombiniert mit dem Online-Check-in die erste Wahl.

Bulkhead seats
Die Sitze direkt vor einer Trennwand in der Eltern-Kind-Reihe. Diese Sitze werden meist bis zum Check-in für Familien mit Babys freigehalten, weil hier die → Babybassinets befestigt werden können. In der Regel viel Beinfreiheit. Ideale Sitzplätze für Familien mit Babys und Kleinkindern.

Child (CHD)
Englisch für Kind. Buchungsklasse für Kinder mit eigenem Sitzplatz zum Kindertarif

Codesharing
Bezeichnung für Code-Teilung. Codesharing-Flüge werden von mehreren Fluggesellschaften unter eigenem Namen, oft auch unter einer eigenen Flugnummer (*code*) verkauft, jedoch von einer dritten Fluggesellschaft durchgeführt. Oft handelt es sich dabei um Flüge anderer Fluggesellschaften einer gemeinsamen Flugallianz (zum Beispiel *Star Alliance*).

Direktflug

Ein Direktflug bezeichnet im Airline-Jargon einen Flug zwischen zwei Orten. Ein Direktflug kann aber auch eine oder mehrere Zwischenlandungen beinhalten, oft nur zum Auftanken. Im schlimmsten Fall ist auch ein Flugzeugwechsel vorgesehen und zulässig: Das alles unter einer Flugnummer.

E-Ticket

Abkürzung für „elektronisches Ticket". Seit 2008 erhalten Sie für alle Flugbuchungen ein E-Ticket, sofern dies möglich ist. Bei einer Buchung über das Internet erhalten Sie eine Buchungsbestätigung/Rechnung per E-Mail, die einen Buchungscode enthält. Für das Check-in genügt mitunter die Vorlage Ihres Reisepasses sowie des sechsstelligen Buchungscodes.

Mit einem E-Ticket können Sie das → Online-Check-in nutzen oder an einem Automaten einchecken. Achtung: Ein E-Ticket ersetzt nicht die Bordkarte.

EASA

Abkürzung für *European Aviation Safety Agency*, Europäische Agentur für Flugsicherheit

Early Boarding

→ Siehe Preboarding

FAA

Abkürzung für *Federal Aviation Administration*, Bundesluftfahrtbehörde der USA. Kinderrückhaltesysteme, die von der FAA zugelassen sind, sind normalerweise bei allen europäischen Fluglinien zugelassen. US-amerikanisches Pendant zum deutschen → Luftfahrt-Bundesamt

Flughafen-Code

Auch IATA-Code, bezeichnet einen dreibuchstabigen Code für Flughäfen, der von der → IATA vergeben wird. IATA-Codes werden beispielsweise für die Zuordnung von Gepäckstücken auf die Kofferaufkleber gedruckt.

Anhang

For Use in Aircraft
Prüfsiegel, vergeben vom TÜV Rheinland im Auftrag des → Luftfahrt-Bundesamts für die Qualifizierung von → Kinderrückhaltesystemen für den Gebrauch in Flugzeugen.

Gate Check-in
Check-in direkt am Flugsteig (*gate*). Häufig dürfen Sie einen Kinderwagen bis zum Gate bzw. Flugzeug mitnehmen, den Sie dann dort direkt einchecken können.

IATA
Dachverband der Fluggesellschaften

Infant (INF)
Englisch für Kleinkind. In der Tarifsprache der Fluggesellschaften bezeichnet das Kürzel INF ein Baby oder Kleinkind, das das zweite Lebensjahr noch nicht vollendet hat.
Babys und Kleinkinder bis zwei Jahre haben keinen Sitzplatzanspruch. Das bedeutet, dass sie ohne eigenen Sitzplatz auf dem Schoß eines Erwachsenen mitfliegen dürfen.

Infant Seat
Sitzplatz für ein Baby/Kleinkind unter zwei Jahren. Ein *infant seat* ist kostenpflichtig und muss zusätzlich gebucht werden.

Internet Check-in
→ Siehe Online-Check-in

Jetlag
Englische Bezeichnung für eine Störung des Schlaf-Wach-Rhythmus, die nach einem Langstreckenflug über mehrere Zeitzonen hinweg auftritt

Kind
In der Tarifsprache der Fluggesellschaften alle Kinder im Alter von zwei Jahren bis zum vollendeten elften Lebensjahr. Kinder fliegen zum Kindertarif (CHD).

Kinderrückhaltesystem (KRS)
Autokindersitz oder spezieller Sicherheitsgurt, mit dem ein Kind während des Fluges auf dem Sitzplatz sicher angeschnallt werden kann. Fluggäste mit Kindern müssen ein KRS im Regelfall selbst mitbringen. Das KRS muss von der gebuchten Fluggesellschaft zur Nutzung im Flugzeug zugelassen sein.

Kleinkind
Als Kleinkind wird im Airline-Jargon oft ein Kind zwischen null und zwei Jahren (*infant*) bezeichnet.

KRS
Abkürzung für → Kinderrückhaltesystem

Loop Belt
→ Siehe Schlaufengurt

Luftfahrt-Bundesamt
Das deutsche Luftfahrt-Bundesamt (LBA) spricht Empfehlungen aus, unter anderem zur Verwendung von → Kinderrückhaltesystemen in Flugzeugen. Es ist das deutsche Pendant zur US-Behörde → FAA.

Mobile Check-in
Check-in mit einem internetfähigen Smartphone. Der Fluggast erhält seine Bordkarte als Barcode direkt auf sein Mobiltelefon.

Nonstop-Flug
Ein Nonstop-Flug ist ein Flug ohne Zwischenlandung. Die bevorzugte Flugvariante für Familien. Nicht zu verwechseln mit einem → Direktflug.

Online-Check-in
Online-Check-in, auch als Web-Check-in oder Internet-Check-in bezeichnet, beschreibt die Möglichkeit, online von zu Hause aus einzuchecken. Dies beinhaltet im Regelfall auch die Sitzplatzreservierung, die Auswahl des Bordmenüs sowie den Ausdruck der Bordkarte. Eine gute Check-in-Option für Familien.

Anhang

Porterservice
Gepäckträgerservice. Wird an manchen Flughäfen gegen Gebühr angeboten. Meist ist eine telefonische Vorbestellung notwendig.

Preboarding
Englische Bezeichnung für bevorzugtes Einsteigen. Wenn angeboten, dürfen beim *family preboarding* Familien mit Babys und kleinen Kindern zuerst ins Flugzeug steigen. Auch *early boarding* genannt.

Schlaufengurt
Gurt, oft auch *loop belt* genannt, mit dem Babys und Kleinkinder, die ohne eigenen Sitzplatz fliegen, auf dem Schoß eines Erwachsenen sitzend an dessen Sicherheitsgurt befestigt werden. Schlaufengurte sind lebensgefährlich bei Turbulenzen, jedoch gesetzlich laut EU-Verordnung in Europa zugelassen.

Stopover
Ein Stopover bezeichnet einen längeren Zwischenaufenthalt an einem Zwischenziel, der häufig mindestens eine Übernachtung mit einschließt.

TÜV Rheinland
Der TÜV Rheinland prüft und qualifiziert im Auftrag des Luftfahrt-Bundesamts → Kinderrückhaltesysteme für die Nutzung in Flugzeugen. Er vergibt das Prüfsiegel → *„for use in aircraft"*.

UM (Unaccompanied Minor)
Abkürzung für „alleinreisendes Kind". Viele Fluggesellschaften nehmen alleinreisende Kinder ab einem Alter von fünf oder sechs Jahren mit.

Vorabend-Check-in
Möglichkeit, bereits am Vorabend einzuchecken. Dies beinhaltet die Gepäckaufgabe, die Reservierung der Sitzplätze sowie die Aushändigung der Bordkarten. Die wohl beste Check-in-Option für Familien.

Web-Check-in
→ Siehe Online-Check-in

FLUGWÖRTERBUCH (DEUTSCH-ENGLISCH)

Abflug: *departure*
Ankunft: *arrival*
Babyflasche: *baby bottle*
Babykörbchen, Babybassinet: *baby bassinet, sky cot*
Babynahrung: *baby food*
Babysalbe: *ointment for diaper rash*
Bevorzugtes Einsteigen: *priority boarding, early boarding*
Bevorzugtes Einsteigen für Familien: *family preboarding*
Bordkarte: *boarding pass*
Bordküche: *galley*
Buggy: *baby buggy, baby stroller*
Businessklasse: *business class*
Einchecken am Gate: *gate check-in*
Einpackservice (Koffer in Folie wickeln lassen): *wrapping service*
Einreise: *immigration*
Erste Klasse: *first class*
Feuchttücher: *baby wipes*
Flugsteig: *gate*
Gepäck: *baggage, luggage*
Gepäckabschnitt: *baggage tag*
Gepäckaufgabeschalter: *baggage drop-off*; oft auch: *quick check-in, Internet check-in*
Gepäckaufkleber: *baggage label*
Gepäckausgabe: *baggage claim, baggage reclaim*
Gepäckermittlungsschalter: *lost & found counter*
Gepäckträger: *porter*
Gepäckträgerservice: *porter service*
Gepäckwagen: *baggage cart, luggage cart*
Handgepäck: *carry-on baggage, carry-on luggage*
Ich benötige Hilfe! – *I need assistance!*
Kinderbettchen: *crib, baby cot*
Kindermenü: *child menu*
Kinderwagen: *baby buggy, baby stroller* (US), *pram* (GB), *pushchair* (GB)

Anhang

Koffer: *suitcase*
Lätzchen: *bib*
Milchnahrung: *liquid formula*
Milchpulver: *instant formula*
Muttermilch: *breast milk*
Pass: *passport*
Passkontrolle: *passport control*
Reisepass: *passport*
Schlaufengurt: *loop belt*
Schnuller: *pacifier* (US), *dummy* (GB)
Sicherheitskontrolle: *security check*
Stillen: *to nurse, to breast-feed*
Stillraum: *breastfeeding room*
Trennwand im Flugzeug: *bulkhead*
Vorabend-Check-in: *sundown service*
Wickelraum/Familienraum: *baby change room, family room, parents room*
Windel: *diaper* (US), *nappy* (GB)
Wo kann ich mein Baby wickeln? – *Where can I change my baby?*
Zahnen: *teething*
Zoll: *customs*
Zweite Klasse, Touristenklasse: *economy class*

KINDERREISEPASS BEANTRAGEN – NÜTZLICHE ADRESSEN

Telefonnummern
- Bürgerservice des Bundesministeriums des Inneren: (030) 186 81 – 0
- Kostenlose Hotline der Bundespolizei: (0800) 688 80 00
- Bundesweite Behördennummer (um sich zum Beispiel mit dem örtlichen Bürgerbüro verbinden zu lassen): 115

Hilfreiche Webseiten
- Bundesministerium des Inneren (BMI): *Informationen zu Pässen und Ausweisen im Allgemeinen* (27)
- *Auswärtiges Amt* (22): Unter dem Punkt „Reiseinformationen // Reise & Sicherheit // Einreisebestimmungen für deutsche Staatsangehörige" sind für jedes Land die derzeit benötigten Reisedokumente aufgelistet
- BMI: *Passbildschablone für Kinder* (23)
- BMI: *Informationen zum neuen Personalausweis* (28)
- *Bundespolizei* (29): Unter dem Punkt „Bürgerservice // Reiseinformationen // Passersatzpapiere" gibt es Informationen zur Beantragung von Passersatzpapieren im Notfall
- *Behördenfinder* (30): Telefonnummern und Öffnungszeiten der Passämter finden – deutschlandweit
- Passverwaltungsvorschrift (PassVwV): *Allgemeine Verwaltungsvorschriften zur Durchführung des Passgesetzes* (31)

Anhang

Über KidsAway.de

Noch Fragen?
Topaktuelle Antworten gibt's online: Unter www.kidsaway.de finden Sie viele weiterführende Tipps zum Fliegen und Reisen mit Baby und Kind: interessante Reportagen, hilfreiche Artikel, Experten-Interviews, Reiseberichte anderer Eltern, Check- und Packlisten sowie nützliche Vollmachten zum kostenlosen Herunterladen.

Mitmachen!
Im Reiseforum von KidsAway.de können Sie andere reiselustige Mütter und Väter kennenlernen. Viele waren wahrscheinlich schon dort, wo Sie hinwollen. Fragen Sie um Rat und teilen Sie Ihre eigenen Reiseerfahrungen, zum Beispiel:

- **Ihre persönlichen Eltern-Empfehlungen:** Wo war es am schönsten mit Baby und Kind? Was war gut, was nicht? Wo konnte Ihr Kind toben und spielen? Veröffentlichen Sie Ihren persönlichen Reisebericht.
- **Tipps und Tricks:** Wie haben Sie Ihr Kind auf einem langen Flug beschäftigt? Wie ist Ihr Baby mit dem Jetlag zurechtgekommen?
- **Hilfreiche Dinge und Produkte:** Welche Dinge erleichtern Familien das Reisen? Haben Sie ein familientaugliches Reiseprodukt getestet?
- **Familienfreundliche Reiseländer:** Kennen Sie sich in einem Land besonders gut aus? Helfen Sie mit beim Aufbau unseres Länder-Wikis für reisende Familien. Neue Autoren sind herzlich willkommen!

Über KidsAway.de

Sie können Ihre Tipps, Tricks und Reiseerfahrungen im KidsAway.de-Reiseforum unter www.kidsaway.de/forum hinterlassen. Wir Eltern von KidsAway.de freuen uns auf Sie!

Sehen wir uns bei KidsAway.de?

Im Internet: www.kidsaway.de
Bei Facebook: www.facebook.de/kidsaway
Mit Twitter: www.twitter.com/kidsaway

Gut gelandet?
Ich habe viele Tage und Nächte recherchiert, um sicherzustellen, dass alle Daten und Angaben zum Veröffentlichungszeitpunkt dieses Ratgebers akkurat und aktuell sind. Viel ist jedoch in Bewegung: Fluggesellschaften ändern ihre Beförderungsbestimmungen, Flughäfen modifizieren ihre Angebote, Sicherheitsregeln werden überarbeitet und Gesetze geändert.

Wenn Sie das Gefühl haben, dass ich etwas Wichtiges ausgelassen, übersehen oder komplett verkehrt dargestellt habe, dann helfen Sie mir bitte! Sie können Ihre konstruktive Kritik gerne öffentlich in unserem Reiseforum zur allgemeinen Diskussion posten oder mir direkt an fliegen@kidsaway.de zusenden. Je konkreter Ihr Hinweis ist, desto besser. – Und über öffentliches Lob im KidsAway.de-Reiseforum oder bei Facebook freue ich mich natürlich auch!

Kerstin Führer

Notizen

Notizen

Aus dem KidsAway.de-Verlagsprogramm:

Kerstin Führer · Jenny Menzel

Reisehandbuch für Familien

Reisen mit Baby und Kind

In Familie reist es sich anders. Urlaubsziel, Reisetempo und Unterkünfte richten sich nach den Bedürfnissen der jüngsten Familienmitglieder. Das heißt aber nicht, dass Sie mit Babys und Kindern eingeschränkt sind – gut informiert und vorbereitet können Sie fast jeden Ort der Welt bereisen.

Mit diesem Ratgeber sind Sie optimal für Ihren nächsten – oder vielleicht auch ersten – Urlaub mit Baby und Kind gerüstet:

- **Anregungen für passende Reiseziele (von klassisch bis ausgefallen)**
- **das Wichtigste zur Urlaubsplanung und Reiseausrüstung**
- **die schönsten und preiswertesten Übernachtungsmöglichkeiten für Familien**
- **Tipps, wie Sie die Anreise stressfrei hinter sich bringen**
- **… und wie alle Familienmitglieder im Urlaub auf ihre Kosten kommen**

Für die erste Reise mit Baby, den Traum Familien-Weltreise oder den ganz normalen Sommerurlaub, für Reisen ans Meer, in die Berge oder auch Städtetrips mit Kind.

Ein Buch, das in keiner Familie fehlen darf und ein tolles Geschenk für frischgebackene Eltern!

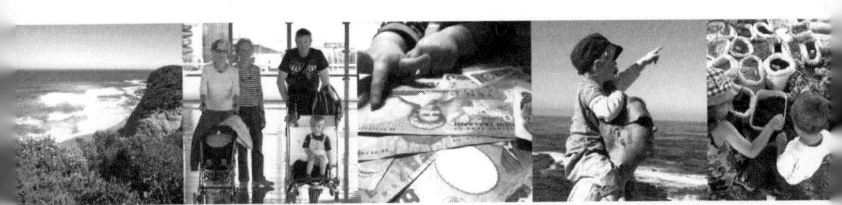

Mit Erlebnisberichten und Insidertipps von reiseerfahrenen Eltern, 35 Check- und Packlisten, 500 Spartipps, 200 nützlichen Internet-Adressen sowie 150 Spiel- und Beschäftigungsideen für unterwegs.

ISBN 978-3-981-703122
480 Seiten, 29,80 Euro

KidsAway

Geraldine Friedrich (Hrsg.)

Reisen mit Kindern
Von Bauernhof bis Bali

Edition Reiseratte, Taschenbuch mit Fotos, 176 Seiten.
ISBN 978-3-981530-00-1

Wer mit Kind reist, reist anders. Ob Cluburlaub mit Kinderbetreuung, Ferien auf dem Bauernhof, Wohnungstausch, mit dem Wohnmobil durch Skandinavien, Städtetrip oder eine individuell organisierte Rucksacktour in Asien, ob Schul- oder Kleinkind, alleinerziehend oder als Paar – vieles ist möglich.

Die Frage ist: Was wollen die Eltern, was gefällt den Kindern und wie lassen sich beide Bedürfnisse in einer begrenzten Zeit unter einen Hut bringen? Es gibt kein richtig oder falsch, aber einiges, was sich Eltern ersparen können. Dieses Buch stellt anhand von Berichten, Reportagen und Interviews verschiedene Reiseformen mit ihren Vor- und Nachteilen vor und möchte Eltern bei der Wahl ihres Urlaubs beraten.

Die Herausgeberin: *Geraldine Friedrich, Jahrgang 1970, arbeitet als Reise- und Foodjournalistin für deutsche und Schweizer Medien. Sie verbrachte mehrere Jahre in der Schweiz und lebt nun mit ihrer Familie in Inzlingen bei Basel.*

Auf www.reiseratte.de schreibt sie über ihre Reiseerfahrungen mit und ohne Kind.

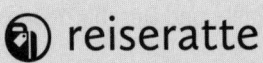

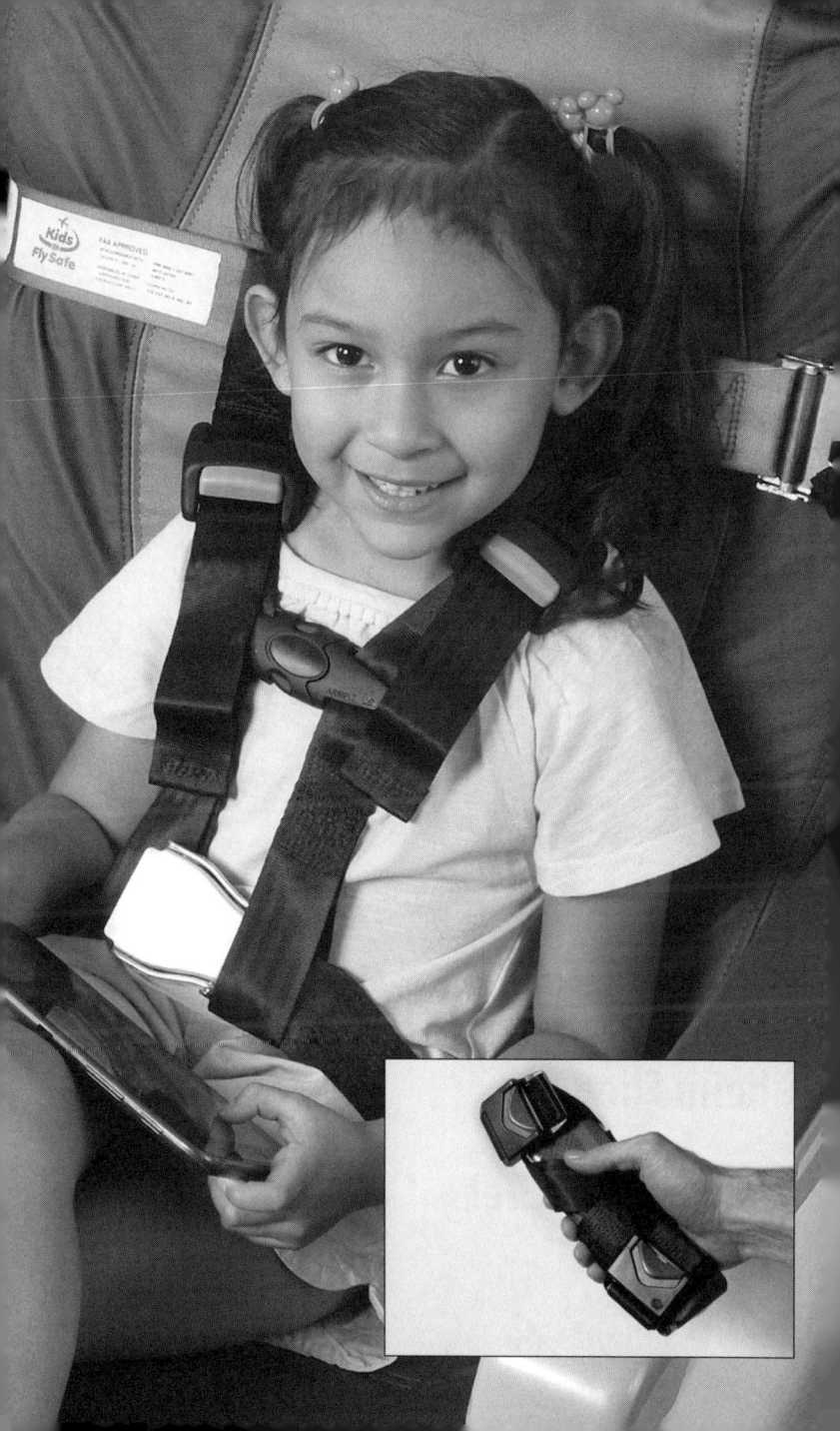

Mit dem CARES-Gurt fliegt Ihr Kind sicher

Weder der reguläre Beckengurt noch der zusätzliche Schlaufengurt ("loop belt") bieten Babys und Kleinkindern im Flugzeug einen ausreichenden Schutz vor Verletzungen bei Turbulenzen. Eltern wollen ihre Kinder jedoch auch beim Fliegen bestmöglich sichern, und das möglichst ohne nerviges Herumschleppen sperriger, schwerer Autokindersitze.

Für Kleinkinder zwischen einem Jahr und vier Jahren, einem Körpergewicht von 10 bis 20 Kilo und einer maximalen Größe von 1 Meter ist das CARES-Gurtsystem optimal.

- zertifiziert von der FAA und zugelassen von den meisten Airlines weltweit
- kann während des gesamten Fluges benutzt werden, auch während Start und Landung
- kleines Packmaß – passt ins kleinste Handgepäck
- Fliegengewicht – wiegt nur 400 Gramm
- einfache Installation mit wenigen Handgriffen
- passt auf fast alle Flugzeugsitze
- für alle Kinder mit eigenem Sitzplatz

Jetzt bestellen:
www.kidsaway.de/shop

Das Werk und seine Teile sind urheberrechtlich geschützt. Abdruck (auch von Teilen) oder digitale Veröffentlichung nur mit schriftlicher Genehmigung von KidsAway.de.

Einige Inhalte dieses Ratgebers sind bereits in anderen Medien und Publikationen erschienen, unter anderem auf www.kidsaway.de. Die Autorin hält an allen Texten das Urheberrecht.

Die Bildrechte liegen, soweit nicht anders erwähnt, bei KidsAway.de.
danr13, iStockphoto (Titelbild)
shalamov, iStockphoto (Rückseite links)
benimage, iStockphoto (Rückseite Mitte)
warrenski, flickr (Seite 18)
oddharmonic, flickr (Seite 72)

Die Ihnen vorliegenden Informationen wurden nach bestem Wissen erstellt und sorgfältig geprüft. Sie ersetzen aber nicht eine persönliche Information bei der Fluggesellschaft, dem Flughafen oder anderen, entsprechend zuständigen Stellen. Denn Fluggesellschaften ändern ständig ihre Bestimmungen. Der Verlag sowie die Autorin übernehmen keine Haftung für eventuelle Schäden, die auf hier angegebene oder fehlende Informationen zurückgeführt werden.

© 2. Auflage 2015
ISBN 978-3-000-434334

Werbung
Bei Interesse an einer Anzeigenschaltung in einer folgenden Auflage kontaktieren Sie bitte den Verlag:
KidsAway.de GbR
Friedrich-Naumann-Str. 39
34131 Kassel

E-Mail: info@kidsaway.de

SPECIALS

- 25 Stadtführungen & -touren
- 29 Mit Kindern in der Stadt
- 60 Jüdisches Leben in Berlin
- 85 Museumsinsel
- 110 Potsdamer Platz
- 135 Mauer-Erinnerungen

ERSTKLASSIG

- 32 Charmant übernachten
- 38 Typische Berliner Küche
- 46 Floh- und Kunsthandwerksmärkte
- 93 Nightlife in Berlin
- 140 Alles vegetarisch
- 153 Gratis entdecken

ALLGEMEINE KARTEN

- 4 Übersichtskarte der Kapitel
- 54 Die Lage Berlins

STADTTEIL-KARTEN

- 74 Historisches Zentrum (Mitte)
- 104 Tiergarten
- 121 Kurfürstendamm
- 124 Charlottenburg
- 132 Prenzlauer Berg
- 138 Kreuzberg
- 145 Friedrichshain
- 150 Köpenick und Umgebung
- 156 Havel und Wannsee
- 162 Potsdam

6 Typisch

- 8 Berlin ist eine Reise wert!
- 11 Reisebarometer
- 12 50 Dinge, die Sie …
- 19 Was steckt dahinter?
- 183 Meine Entdeckungen
- 184 Checkliste Berlin

20 Reiseplanung & Adressen

- 22 Die Stadtviertel im Überblick
- 24 Klima & Reisezeit
- 24 Anreise
- 28 Stadtverkehr
- 31 Unterkunft
- 35 Essen & Trinken
- 41 Shopping
- 48 Am Abend
- 174 Infos von A–Z
- 178 Register

52 Land & Leute

- 54 Steckbrief
- 56 Geschichte im Überblick
- 58 Natur & Umwelt
- 59 Die Menschen
- 61 Kunst & Kultur
- 66 Feste & Veranstaltungen
- 182 Mini-Dolmetscher

SYMBOLE ALLGEMEIN

 Besondere Tipps der Autoren

 Specials zu besonderen Aktivitäten und Erlebnissen

 Spannende Anekdoten zum Reiseziel

★ Top-Highlights und
★ Highlights der Destination

POLYGLOTT on tour

Berlin

Die Autoren
Manuela Blisse
Uwe Lehmann

**Mit großer Faltkarte
& 80 Stickern
für die individuelle Planung**

www.polyglott.de